Katharina Henne
& Lore Otto

HAMBURGS
WILDE
KÜCHE

Was wächst
denn da & kann man
das essen?

Pflanzen, Rezepte,
Interviews

Fotonachweis

Dirk Eisermann S. *8*
Andreas Fromm S. *1, 66, 71, 112, 114, 1115, 116*
Christof Henne S. *21, 29, 114, 115*
Tobias Timmler S. *22, 101*
Konrad Weißhaupt S. *104, 107, 108, 109, 111*
Alle anderen Fotos stammen aus dem
Archiv der Autorinnen

*Der Inhalt dieses Buches ersetzt keine Bestimmung
von Pflanzen und eigene Prüfung auf deren Essbarkeit!*

1. Auflage, November 2014
Copyright © 2014 by Klaas Jarchow Media Buchverlag GmbH & Co. KG
Blankeneser Hauptstraße 151, 22587 Hamburg
www.jarchow-media.de
ISBN 978-3-945465-01-1

Herstellung, Satz und Gestaltung:
Eberhard Delius, Berlin
Bildbearbeitung: Reihs Satzstudio, Lohmar
Druck und Bindung:
Freiburger Graphische Betriebe, Freiburg
Printed in Germany
Alle Rechte vorbehalten

Mehr zu den Büchern des KJ**M** Buchverlag
www.hamburgparadies.de

INHALT

Vorwort

Zwei Frauen, die kochen, das ist noch nichts Ungewöhnliches. Zwei Frauen, die gemeinsam mit dem Kochen experimentieren und dafür frei und wild wachsende Pflanzen und deren Beeren, Blüten, Früchte verwenden – da wird es interessant.

Wir, Katharina Henne und Lore Otto, machen das nun schon seit einigen Jahren. Kennengelernt haben wir uns am Hamburger Umweltzentrum Gut Karlshöhe. Wir beide sind studierte Biologinnen und arbeiten als Umweltpädagoginnen. Wir sind gern in der Natur und lieben es zu kochen, am liebsten gemeinsam.

Da es uns wichtig ist, die Liebe, die wir für die Natur um uns herum empfinden, auch anderen Menschen zu vermitteln und Liebe bekanntlich durch den Magen geht, wollen wir auch Sie an unseren Erfahrungen mit Hamburgs Wilder Küche teilhaben lassen: Sehen Sie sich nach Zutaten für Ihre Küche in der Natur um – auch in der Natur der Stadt! Es gibt genug, was am Wegesrand und am Wasserlauf wächst und das lohnt, gekocht und gegessen zu werden.

Das Kochen von Wildpflanzen ist beileibe nicht unsere Erfindung, ist es doch nichts anderes als der Ursprung der Ernährung des Menschen. Nur ist dieser Ursprung uns zunehmend aus dem Blick geraten – weit über die Hälfte der Menschen lebt in Städten oder Großstädten – einige hundert Millionen bereits in Megastädten. Der Kontakt zur wild wachsenden Natur ist den meisten dadurch extrem erschwert. Die Versorgung mit Nahrungsmitteln erfolgt in der Regel durch den Gang in den Supermarkt. Wir sagen: Es gibt sehr spannende Alternativen, um diese Kost zu ergänzen.

Wer seinen Blick und seine Wahrnehmung schult, der wird sehen und riechen, was Essbares in der Nähe wild wächst – auch in unseren Städten. Kochen mit Wildpflanzen in der Stadt, geht das also? Findet man da etwas, das man auch essen kann und darf? Und: Schmeckt das? Unsere Antwort ist: JA.

ßend wird gemeinsam gegessen und genossen. Nicht zuletzt von Teilnehmenden unserer Kochkurse stammt die Anregung, die Rezepte und Pflanzenbeschreibungen als Buch zu veröffentlichen. Doch der Weg bis zum Buch war lang – in unserem Arbeitsalltag fanden wir kaum die nötige Ruhe zum Schreiben. Damit wir in Ruhe arbeiten konnten, haben wir uns etliche Wochenenden freigenommen und uns auf dem Kastanienhof, in der Nähe von Rehna im westlichen Mecklenburg-Vorpommern, einquartiert. Dort gibt es einen traumhaften Garten, ruhige Ecken zum Arbeiten und abends – nicht ganz unwichtig bei unserem Thema – ein köstliches Essen! Ohne die entspannte Atmosphäre und Ruhe auf dem Kastanienhof (s. Foto S. 8) hätten wir es vielleicht nicht geschafft.

Auch wenn wir gemeinsam ein Buch geschrieben haben: Viele Texte in Hamburgs Wilder Küche sind trotzdem in der Ich-Perspektive geschrieben, weil wir damit unsere persönlichen Beziehungen zu Pflanzen und Rezepten am besten ausdrücken können. Das »ich« bedeutet also mal Katharina und mal Lore, mit Kürzeln ist die jeweilige Urheberin gekennzeichnet.

Wir wollen mit diesem Buch kein Bestimmungsbuch ersetzen. Anhand der Fotos zu den kurzen Pflanzenbeschreibungen kann man sich vergewissern, die richtige Pflanze vor sich zu haben. Für eine grundlegendere Einführung in die Welt der essbaren Pflanzen empfehlen wir Kräuter- oder Wildfrüchtewanderungen und ein Bestimmungsbuch, z. B. *Was blüht denn da?*

In diesem Buch präsentieren wir Ihnen unsere Erfahrungen, geben Tipps zum Sammeln und Kochen, schlagen Ihnen unsere Rezepte vor – auf dass Sie selbst anfangen können mit Ihrem Sammeln und Experimentieren!

Seit 2009 bieten wir Kochkurse zur Wilden Küche an: mit Wildkräutern im Frühling und mit Wildfrüchten im Herbst. Mit unseren Teilnehmenden kochen wir ein Vier-Gänge-Menü mit saisonal verfügbaren und zum Teil selbst gesammelten Zutaten. Anschlie-

oder *Grundkurs Pflanzenbestimmung* – sehen Sie bitte hierzu auch in die Literaturhinweise. In diesem Buch gibt es im letzten Teil auch den Hinweis auf giftige Pflanzen – bitte seien Sie sorgsam und holen Sie sich im Zweifel fachkundigen Rat!

Wir lieben die Wilde Küche, weil es uns Spaß macht, mit Pflanzen aus unserer Umgebung zu experimentieren und sie auf diese Weise neu schätzen zu lernen. Dadurch nehmen wir die Natur vom eigenen Garten bis hin zu den Knicks, Wiesen und Gewässerläufen sehr viel intensiver wahr. Diese veränderte Sichtweise führt auch zu mehr Respekt für die Pflanzen und Tiere um uns herum.

Die Knoblauchsrauke ist ein gutes Beispiel: Man begegnet ihr im Frühling an den meisten Wegrändern, aber sie fällt den wenigsten auf. Hat man einmal entdeckt, dass sie ein mildes Knoblaucharoma und gleichzeitig zarte Blätter hat, wird sie vom Unkraut zur Salatzutat.

Nebenbei bemerkt man vielleicht kleine Raupen, die an diesen Pflanzen fressen. Es sind die Larven des Apollofalters, die sich ausschließlich von Kreuzblütlern ernähren. – Für alle Tiere, die auf bestimmte Pflanzen angewiesen sind, tragen wir eine besondere Verantwortung bei der Ernte unserer Zutaten: Ihre Lebensgrundlage muss erhalten bleiben.

Wir haben sehr viel Spaß dabei gehabt, wilde Zutaten zu ernten, Rezepte auszuprobieren, gemeinsam zu kochen und unsere Erfahrungen zu Papier zu bringen. Wir wünschen allen, die dieses Buch lesen, genauso viel Freude beim Lesen unseres Buches, beim Herumstreifen in der Natur, beim Nachkochen, den eigenen Variationen – und dem gemeinsamen Genießen mit Freunden und Familie.

Hamburgs Wilde Küche ist ein Erlebnis für alle Sinne. Diese Wilde Küche macht glücklich.

Katharina Henne & Lore Otto

SAMMEL-RÄUME

Wo man die Pflanzen findet, die wir pflücken und ernten

Zutaten für HAMBURGS WILDE KÜCHE kann man fast überall in und um Hamburg finden. Dazu braucht man nur einen offenen Blick auf die Natur vor unserer Haustür.

Wer einen EIGENEN GARTEN besitzt, hat in allernächster Umgebung die Chance auf wilde Zutaten zum Speiseplan. Wir verwenden viele Pflanzen, die sich auch ohne großes Zutun eines Gärtners – und scheinbar mühelos – auf allen Flächen ansiedeln, die nicht akribisch von allem »Unkraut« befreit wurden. Dazu gehören Brennnessel, Löwenzahn, Gänseblümchen und Giersch.

Aber auch in der Umgebung vieler städtischer Mietshäuser ohne eigene Gärten kann man Flächen finden, auf denen diese Pflanzen wachsen. Wer keinen eigenen Garten hat, der kann z. B. auf seinem Balkon Kräuter in Töpfen ziehen, etwa Minze, Zitronenmelisse oder Pimpernelle.

Anderes lässt sich in vielen Stadtteilen in der unmittelbaren Umgebung finden, in WILDEN ECKEN IM PARK. So sind in den städtischen Parks in der Regel nicht alle Flächen unter ständiger Kontrolle der Gärtner und werden somit auch nicht von Beikräutern befreit. Es lassen sich sogar überraschend viele Stellen finden, an denen sich die Vegetation weitgehend frei entfalten darf. Und Parks – mit vielen wilden Ecken – gibt es in Hamburg ja wirklich viele, zum Beispiel: den Inselpark in Wilhelmsburg, den Volkspark in Altona, den Stadtpark oder Harburgs großen Park. Hier kann man Hopfen, Knoblauchsrauke, Waldmeister und an vielen Stellen auch Brombeeren finden.
Wenn man an den umliegenden Anpflanzungen des jeweiligen Parks keine Schäden anrichtet, ist es doch unbedenklich, an solchen Orten zurückhaltend zu ernten, oder? Abwägen und dafür einstehen müssen Sie bitte selbst.

Wie in den Parks, so kann man auch im allgemeinen STADTGRÜN fündig werden. Mit Stadtgrün meinen wir Bäume und Sträucher, die auf öffentlichem Gelände stehen und oftmals nicht genutzt werden. An den Wegen in manchen Kleingartengebieten kann man zum Beispiel Vogelbeeren ernten. In einigen Grünstreifen wurden Linden gepflanzt, deren Blätter man zu einem Frühlingssalat verarbeiten kann.

Wenn Sie Früchte in NACH-BARS GARTEN sehen, die man dort offensichtlich nicht verwertet, sprechen Sie die Eigentümer doch an – vielleicht hat man überhaupt nichts dagegen, dass Sie zum Pflücken zu Besuch kommen. Vielen Menschen ist nicht bewusst, dass man Wildpflaumen und Kornelkirschen essen kann.

Hamburg ist umgeben von den unterschiedlichsten Landschaften. Das prägt auch die Pflanzenarten, die in der NATUR AM RANDE DER STADT wachsen.
Wie ein Netz durchziehen Elbe und Alster mit ihren vielen Zuflüssen die Großstadt Hamburg. Für diese feuchten Standorte an Fließgewässern steht in HAMBURGS WILDER KÜCHE der Beinwell.
Weite Wiesenlandschaften liegen am Rand von Hamburg, kleinere Wiesenstücke bilden grüne Oasen im Stadtbereich. Wenn Sie genau hinsehen, können Sie auf vielen Wiesen Sauerampfer entdecken, der mit seinen pfeilspitzenförmigen Blättern gut zu erkennen ist. Nördlich, in Richtung Schleswig-Holstein, sind die Knicks aus Sträuchern und Bäumen typische Landschaftselemente. Sie trennen Felder und Wiesen und begrenzen Straßen und Wege. Wenn sie noch in der traditionellen Weise gepflegt werden, also alle paar Jahre fast bis zum Boden zurückgeschnitten werden, können sich nur bestimmte Gehölze halten. Sie schlagen schnell wieder aus und bilden an ihren frischen jungen Trieben Blüten und Früchte. Eine charakteristische Pflanze der Knicks ist die Schlehe, die in diesem Buch – nicht nur – als Grundlage für Likör dient.

So sind im Folgendem die Angaben bei den Rezepten zu verstehen:

h = Stunde; Min. = Minute; s = Sekunde; g = Gramm; kg = Kilo;
EL = Esslöffel; TL = Teelöffel; Msp = Messerspitze;
Prise = eine kleine Menge, die man zwischen Daumen und Zeigefinger halten kann; cm = Zentimeter; °C = Grad Celsius;
l = Liter; ml = Milliliter; P = Packung

Im eigenen Garten

Giersch, Melisse, Minze

Solange ich noch keinen Garten hatte, war der Giersch für mich der große Unbekannte. Alle Gartenbesitzer sprachen von ihm, doch mir war er noch nie aufgefallen. Als wir dann ein verwildertes Grundstück übernahmen, war das Dickicht aus Brennnessel, Ackerwinde und Ampfer überzogen von zarten weißen Blütendolden. Oh, wie hübsch!, dachte ich. »Ach du meine Güte!«, entfuhr es hingegen meiner Mutter. »Das ist alles Giersch. Den werdet ihr nicht mehr los.« Und tatsächlich: Er widersetzte sich jedem Ausrottungsversuch. Aus jedem Wurzelrest, der im Boden verblieb, trieb er wieder aus.

Mittlerweile beziehe ich den Giersch, besonders in schattigen Ecken, in die Gartengestaltung mit ein. **KH**

Giersch – Dreifuß – Geißkraut
Aegopodium podagraria

Ausdauernde krautige Pflanze, 30–60 cm hoch, mit dichtem Wurzelgeflecht. Dreigeteilte Blätter, die einem Ziegenfuß ähneln. Blüht von Mai bis August in lockeren weißen Dolden.
Bevorzugt feuchten Boden, wächst an Waldrändern, Flussufern, in Parks und Gärten.
Sammelzeit: zarte Blätter ab April bis in den Herbst.

Die jungen Blätter, am besten noch hellgrün und zusammengefaltet, kann man für viele Gerichte nutzen. Meine Lieblingsverwendung, weil schnell und unkompliziert, ist die Gierschlimonade. Sein Aroma, zusammen mit anderen Kräutern, ergänzt den säuerlichen Geschmack von Apfelsaft hervorragend.

Minze
Mentha sp.

Ausdauernde krautige Pflanze, die sich über Ausläufer ausbreitet.
Aromatisch »minzig« riechende Blätter, die sich kreuzweise gegenüberstehen.
Blüht im Spätsommer rosa-violett und ist dann sehr beliebt bei Schmetterlingen und anderen Insekten.
Sammelzeit: April bis Herbst

Seit einigen Jahren kann man in Gärtnereien eine große Vielfalt verschiedener Minzen kaufen: Krause Minze, die intensive Pfefferminze, marokkanische Minze usw.
An vielen Gräben in Norddeutschland findet man die Wasserminze (*Mentha aquatica*).

Ein Tee aus frischer Minze ist ein ganz anderes Getränk als der übliche Teeaufguss aus einem staubigen Beutel.
In einem indischen Kräuter-Lassi ist Minze ein typischer Bestandteil.

Zitronenmelisse wird im Frühjahr und Sommer auf dem Markt oft in Töpfen angeboten. Man kann sie gut auf dem Balkon und auf der Terrasse an einen halbschattigen Platz stellen oder in den Garten auspflanzen, wo sie fast das ganze Jahr zur Ernte bereitsteht.
Mit ihr lassen sich kalte Getränke aromatisieren. Quark und Gebäck verleiht sie eine dezente Zitronennote. Als Tee wirkt sie herrlich erfrischend.

Zitronenmelisse
Melissa officinalis

Ausdauernde krautige Pflanze mit hellgrünen Blättern, die nach Zitrone duften.
Von Juni bis September erscheinen kleine Quirle aus unscheinbaren weißgelben Blüten.
Sammelzeit: junge Triebe und zarte Blätter April bis Oktober

Giersch-Limonade

ZUTATEN (für 4–6 Personen):

Kräuterstrauß aus
- 10 Blättern Giersch
- 3 Stängeln Zitronenmelisse
- 1 Stängel Pfefferminze
- evtl. 1 Ranke Gundermann

außerdem
- 1 l Apfelsaft
- ½ Flasche Mineralwasser
- Saft von 1 Zitrone

ZUBEREITUNG:

- Die Kräuter waschen und am besten über Nacht (mindestens aber 3 h) in den Apfelsaft geben;
- danach Kräuter herausnehmen und Zitronensaft und Mineralwasser zufügen.

Verwendete Wildkräuter: *Giersch, Zitronenmelisse und Pfefferminze.*

Tipp: *Am besten schmeckt die Limonade im Sommer eiskalt serviert.
Ebenso gut schmeckt eine Waldmeisterlimonade mit 3–5 getrockneten Stängeln* Waldmeister *anstelle der anderen Wildkräuter.*

Löwenzahn, Pimpernelle, Vogelmiere, Gänseblümchen

Als Schülerin sollte ich einmal ein Bild malen, in dem es um das Verhältnis von Mensch und Umwelt ging. Meine Interpretation war eine Löwenzahnpflanze, die aus rissigem Asphalt wächst und deren Blüte eins mit der aufgehenden Sonne wird. Das war so kitschig wie gewollt optimistisch ... Und als ich mir später, als Leiterin eines Abenteuercamps, einen »Hexennamen« geben sollte, nannte ich mich Lore Löwenzahn. Die Pflanze hat es mir wirklich angetan! LO

Löwenzahn ist eine in vieler Hinsicht imponierende Pflanze. Sie kommt in fast allen Ländern mit gemäßigtem Klima vor, ihre Samenverbreitung ist unglaublich effizient. Löwenzahn kann selbst in sehr lebensfeindlicher Umgebung wachsen, mit wenig Erde und unter großen Temperaturschwankungen – z. B. zwischen den Pflastersteinen der Stadt.
Die typischen Blätter mit den »Löwenzähnen« kann man an vielen Wegrändern der Stadt finden und auch in den meisten Gärten, in denen nicht allzu unbarmherzig »Unkraut« gejätet wird.

Löwenzahn
Taraxacum offincinale

Ausdauernde krautige Pflanze mit langer Pfahlwurzel.
Alle Blätter stehen in einer Rosette am Grund der Pflanze.
Leuchtend gelbe Blütenköpfe und später kugelige »Pusteblumen« mit den Samen.
Wenn die Pflanze verletzt wird, tritt weißer Milchsaft aus.
Sammelzeit: Blätter April bis Oktober; Blüten April bis Mai

Vogelmiere
Stellaria media

Die Vogelmiere ist eine einjährige krautige Pflanze, deren Stängel meistens liegend wachsen. Die Blätter sind hellgrün und eiförmig spitz.

Diese Pflanze ist ein echter Pionier. Sie wächst gerne auf frisch umgegrabener Erde und findet sich daher in den meisten Gärten.

Sie ist bereits sehr früh nach dem Winter zu ernten und mit ihrem hohen Gehalt an Vitamin C ein willkommener Frühlingsmuntermacher.

Sammelzeit: März bis in den Herbst

Ihr Geschmack nach jungem Mais und ihre zarte Textur machen sie zu einer idealen Zutat in einem Wildkräutersalat. Die Vogelmiere kann auch mit ihren feinen weißen Blüten verarbeitet werden.

Pimpernelle – Kleiner Wiesenknopf
Sanguisorba minor

Der kleine Wiesenknopf ist eine ausdauernde krautige Pflanze. Die Blüten dieses Rosengewächses erinnern tatsächlich an einen kugelförmigen Knopf.

Sie werden vom Wind bestäubt. Windbestäubung erfordert eine hohe Anzahl von Pollen, aber keinen spektakulären Schauapparat, um Insekten anzulocken. Daher ist die Pimpernelle eine eher unauffällige Pflanze.

Sammelzeit: März bis Oktober

Sie sollte in keinem Kräuterbeet fehlen: Ihre zarten gefiederten Blättchen sind eine wunderbare Ergänzung in allen Blattsalaten.

Die weißen bis rosa Korbblüten der Wildform kann man essen – die roten und weißen, viel größeren Zuchtformen theoretisch auch, wenn mögliche Pestizide aus der Gärtnerei erst einmal abgebaut sind ...

Gänseblümchen *Bellis perennis*

Diese Schönheit ist ausdauernd, wie der lateinische Name schon sagt. Ihre Blätter stehen wie beim Löwenzahn als Rosette am Grund der Pflanze. Das Gänseblümchen wächst in den meisten Rasen und kommt immer wieder. Sammelzeit: März bis November

Wildkräutersalat

ZUTATEN (für 4 Personen):
- 1 Zwiebel oder eine Handvoll Bärlauch
- 200 g Kirschtomaten (oder ersatzweise 100 g getrocknete und eingeweichte bzw. eingelegte Tomaten plus ca. 100 g Dosentomaten)
- 150 g Schafskäse
- Pfeffer, Zucker
- Saft einer Zitrone (nach Geschmack)
- 200 g Wildkräuter beliebig gemischt: Knoblauchsrauke, Giersch, Bärlauch, Löwenzahn, Vogelmiere, Sauerampfer, Pimpernelle ...
- Blüten der Saison

Verwendete Wildkräuter:
Knoblauchsrauke, Giersch, Bärlauch, Löwenzahn, Vogelmiere, Pimpernelle, Gänseblümchen, Sauerampfer

ZUBEREITUNG:
- Die Zwiebel sehr fein hacken;
- im Sommer Kirschtomaten in Hälften schneiden;
- im Frühjahr, wenn frische Tomaten weit gereist und wenig aromatisch sind, kann man getrocknete oder Dosentomaten verwenden. Getrocknete Tomaten sollten über Nacht in ein wenig Wasser einweichen; Dosentomaten gut abtropfen lassen;
- beide in kleine Stücke schneiden;
- Schafskäse in kleine Würfel schneiden;
- Wildkräuter waschen, säubern, hacken und vorsichtig mit den anderen Zutaten mischen;
- den Salat mit Pfeffer, Zucker, Salz und Zitronensaft abschmecken. Anschließend mit Blüten dekorieren, z.B. Gänseblümchen.

Löwenzahnhonig

Wenn man im Frühjahr eine Wiese findet, auf der üppig der Löwenzahn blüht, kann man Löwenzahnhonig kochen. Genau genommen ist der Begriff Honig nicht korrekt, denn bei diesem Sirup sind Bienen nicht beteiligt. Aber da der Geschmack dem des Honigs sehr ähnlich ist, wird dieser Blütensirup oft so genannt.

SAMMELN: Löwenzahnblütenköpfe sind aus vielen winzigen Blüten zusammengesetzt. Gesammelt werden Blüten, deren meiste Teilblüten bereits offen sind – dann haben sie schon Nektar. Bei der Ernte darauf achten, dass die Blütenköpfe frei von kleinen Blütenbesuchern sind. Am besten schüttelt man sie vor dem Einpacken.

ZUTATEN:
- 6 große Handvoll Löwenzahnblüten (knapp offen)
- 1½ kg Rohrzucker
- 1½ l Wasser
- 2 Zitronen (Saft und etwas Schale)

ZUBEREITUNG:
- Zu Hause Blütenköpfe eine Weile in einer großen Schüssel mit viel Wasser einweichen – um auch den letzten kleinen Tieren die Chance zur Flucht zu geben;
- nach dem Abgießen durch ein grobes Sieb die Blüten mit etwa 1,5 l Wasser aufkochen;
- mindestens 10 Min. ziehen lassen, dann abseihen;
- Blüten verwerfen;
- »Tee« mit dem Zucker und Zitronen (eine in Scheiben, eine ausgepresst) in einem Topf ohne Deckel zum Köcheln bringen;
- diesen Ansatz dann 1–2 h einkochen bis zur gewünschten sirupartigen Konsistenz;
- danach heißen Sirup in saubere Twist-off-Gläser füllen und über Kopf abkühlen lassen.

Bärlauch

Ich werde nie die Frühjahrstour durch den Harz vergessen, als wir durch einen Buchenwald fuhren und uns plötzlich der Knoblauchgeruch – selbst durch die geschlossenen Autoscheiben – das Wasser im Mund zusammenlaufen ließ. Wie ein riesiger dunkelgrüner Teppich wuchs zwischen den dicken Stämmen alter Buchen ein duftender Bestand von Bärlauch.

Das hat mich so beeindruckt, dass ich auch ein paar Eckchen für ein kleines Bärlauchbeet im eigenen Garten frei gemacht habe – so ist der Weg jetzt kurz, um auch schon im April vor der Haustür zu naschen.

LO

Die Blüten des Bärlauchs kann man als ansprechende Dekoration auf Salaten etc. verwenden. Aber bitte abwägen: Jede Blüte, die man reifen lässt, kann im nächsten Jahr den eigenen Bestand vergrößern. Denn Bärlauch vermehrt sich gut über Samen.

Bärlauch (Allium ursinum)
Bärlauch gehört zu den Zwiebelgewächsen und ist eng mit Schnitt- und Knoblauch und mit unserer Gemüsezwiebel verwandt.

Bärlauch gehört zu den Pflanzen, die sich die Tatsache zunutze machen, dass es im Wald im Frühjahr vor dem Laubaustritt am Boden viel Platz, Feuchtigkeit, Nährstoffe und Licht gibt. Wenn dann allerdings Ende April die Bäume die Blätter bekommen, wird es dunkel für den Bärlauch, und er muss seinen Jahreszyklus weitgehend beendet haben. Jetzt verschwindet er wieder und ist bis zum nächsten Frühjahr oberirdisch nicht mehr sichtbar.

Verwechslungsmöglichkeiten bestehen zu der wirklich giftigen Herbstzeitlose – die aber im Gegensatz zum Bärlauch auf Wiesen wächst – und zum Maiglöckchen – am Anfang mit eingerollten Blättern. An seinem einzigartigen intensiven Geruch nach Knoblauch ist der Bärlauch aber eindeutig zu erkennen.

Sammelzeit: April bis Mai

Bärenbutter

Knoblauchbutter ist bestens bekannt, und auch mit Bärlauch oder anderen Wildkräutern kann man Butter aromatisieren. Im Vergleich zum Knoblauch hat man dazu noch dessen frische grüne Farbe. Noch farbiger wird es, wenn man die Butter mit Blütenblättern vom Löwenzahn dekoriert.

ZUTATEN:
- 1 Stück Butter (125 g für eine Familie, 250 g für eine Partygesellschaft)
- 5–6 EL Bärlauchblätter oder Wildkräuter wie Pimpernelle, Knoblauchsrauke, Brennnessel (gehackt)
- 1 EL frisch gepresster Limettensaft
- etwas Salz
- Blüten der Saison (z. B. Löwenzahn, Gänseblümchen, Borretsch, Veilchen, Waldmeister)

ZUBEREITUNG:
- Butter rechtzeitig aus dem Kühlschrank nehmen, damit man sie kneten kann;
- Bärlauch oder andere Kräuter fein hacken und mit Limettensaft unterkneten, mit Salz abschmecken;
- mit Blüten garnieren.

Verwendete Wildkräuter: *Bärlauch oder verschiedene Wildkräuter wie Pimpernelle, Knoblauchsrauke, Brennnessel; Blüten der Saison.*
Tipp: *Große Blüten, wie z. B. Löwenzahn, machen sich zur Dekoration besser zerzupft als im Ganzen.*

Bärlauch-Mandelmus auf Ziegenkäsetalern

Diese Frühlingsspezialität ist ein Augenschmaus: Die weißen Käsetaler mit den roten Tomatenstückchen werden gekrönt vom grünen Bärlauch-Mandelmus. Der Geschmack eines milden Ziegenkäses wird auf wunderbare Weise erweitert durch fruchtige Tomaten und das sanfte Mandelmus: Als Vorspeise kaum zu toppen!

Das Mandelmus schmeckt frisch und sanft durch die Kombination von Mandeln mit Bärlauch, Salz und Öl. Es ist nicht sehr fettreich, weil das Mus nur wenig Öl braucht und seine weiche Konsistenz durch die vorsichtige Zugabe von warmem Wasser erhält.

10 ZIEGENKÄSETALER

ZUTATEN für das Mandelmus:
- 100 g enthäutete gehackte Mandeln
- ca. 1 Handvoll Bärlauchblätter
- 3 EL Olivenöl
- 3 EL lauwarmes Wasser
- etwas Salz

Weitere ZUTATEN:
- 3–4 mittelgroße Tomaten (im Sommer frisch, im Winter aus der Dose)
- 5–8 getrocknete Tomaten
- Salz, Pfeffer

Verwendete Wildkräuter:
Bärlauch
Tipp: *Das Bärlauch-Mandelmus schmeckt auch hervorragend als Sauce über Nudeln. Dazu darf es etwas flüssiger sein.*

ZUBEREITUNG (Mandelmus):
- Zutaten zusammen in den Mixer geben und zerkleinern;
- evtl. warmes Wasser und Öl zugeben, bis die gewünschte Konsistenz erreicht ist: Das Mus sollte nicht zerlaufen.

Weitere ZUBEREITUNG:
- Getrocknete Tomaten möglichst schon 2–3 h (besser über Nacht) in etwas heißem Wasser einweichen. Dann in kleine Stückchen schneiden;
- frische Tomaten häuten (in eine große Schüssel tun, mit kochendem Wasser übergießen und nach 3 Min. herausholen, dann lässt sich die Haut leicht abziehen);
- Kerne entfernen und das Fruchtfleisch fein würfeln. Dosentomaten gründlich abtropfen lassen, Kerne entfernen und würfeln;
- getrocknete und frische Tomaten mischen und nochmals auf einem Sieb weitgehend abtropfen lassen, danach mit Pfeffer und Salz abschmecken;
- Ziegenfrischkäsetaler auf einem großen Teller oder einer Platte nebeneinander anrichten. Auf jeden Taler ein kleines Häufchen Tomatenstückchen geben und einen Klecks Bärlauch-Mandelmus.

Cardamine

Die Cardamine – das Behaarte Schaumkraut – ist in meinem Garten so allgegenwärtig wie der Giersch, nur wesentlich unauffälliger. Doch zeitig im Frühjahr, bevor die übrigen Pflanzen richtig loslegen, ist sie nicht zu übersehen. Dann wachsen auf der nackten Erde ihre kleinen Pflanzen mit winzigen weißen Blüten aus einer filigranen Blattrosette. Die Cardamine ist eines der ersten essbaren Wildkräuter, die man im Lauf des Jahres ernten kann.

Ich wäre wohl kaum auf die Idee gekommen, diese Pflanzen zu essen, wenn sie Lore und mir nicht in dem kleinen englischen Buch *Food for Free* begegnet wären. Daraufhin habe ich sofort ein Cardaminen-Pflänzchen aus der Erde gezogen, gewaschen und probiert. Es hat sich gelohnt: Der Geschmack ist mild pfeffrig, retticchartig und erinnert an Kresse. Da die Pflanze so klein ist, ernte ich sie stets mit Kraut und Wurzeln. Dann spüle ich sie gründlich, um die anhaftende Erde zu entfernen. Erst vor der Weiterverarbeitung schneide ich die feinen Wurzeln ab.   KH

Behaartes Schaumkraut
Cardamine hirsuta

Das Behaarte Schaumkraut ist eine ein- bis zweijährige krautige Pflanze (5–30 cm hoch) mit einer Rosette gefiederter Blätter, die nach Kresse schmecken.

Von Februar bis November trägt sie kleine weiße Blüten. Man findet die Pflanze auf Feldern, im Garten, auf Brachflächen, an Wegen und Mauern. Sammelzeit: die ganze Pflanze bzw. junge Blätter von Februar an fast das ganze Jahr hindurch.

Die Cardamine passt hervorragend in Salate, als Kresse-Ersatz aufs Butterbrot und zu Frischkäse oder Quark. Besonders gefällt mir die einfach herzustellende Cardaminen-Käsecreme, die sowohl auf Weißbrot als auch auf Pumpernickel schmeckt.

Cardaminen-Käsecreme

ZUTATEN:
- 5 kleine Scheiben Ziegenfrischkäse
- 100 g Schmand
- 1 Handvoll Blätter bzw. junge Pflanzen vom Behaarten Schaumkraut
- Salz, Pfeffer, Zucker

ZUBEREITUNG:
- Ziegenfrischkäse mit Schmand verrühren;
- Schaumkräuter sehr gründlich waschen, ohne Wurzeln klein hacken und unter die Mischung rühren;
- mit Salz, Pfeffer und Zucker abschmecken.

Wilde Ecken im Park

Brennnessel

Es gibt Wildkräuter, die kennt jedes Kind. Wer sich einmal an einer Brennnessel die Hand verbrannt hat (oder auch empfindlichere Körperteile), der hat in Sachen Artenkenntnis von Wildkräutern schon einen ersten Schritt getan ...

Ich empfehle jedem und jeder, die Brennnessel mit Gummihandschuhen zu ernten! Alle Tipps der Art »Wenn man sie nur kräftig am Stiel packt, um sie zu pflücken, piksen sie nicht« haben sich nicht bewahrheitet. Nach dieser Methoden hatte ich noch drei Tage nach dem Pflücken prickelnde Finger – als die Suppe schon längst aufgegessen war. Außerdem empfehle ich eine lange Hose und feste Schuhe, dann ist man vor den Nesseln wirklich in Sicherheit.
LO

Große und Kleine Brennnessel
Urtica dioica und *Urtica urens*

Die Brennnessel hat ihren Namen von den Brennhaaren an Blättern und Stielen.

Sie kann an gut gedüngten, feuchten Standorten bis zu 3 m hoch werden.

Sie blüht unscheinbar gelb-grünlich und kann sich nicht nur durch ihre Samen verbreiten sondern auch durch sich verzweigende Ausläufer.

Brennnesseln bevorzugen nährstoffreiche Standorte und sind in vielen wilden Parkecken, an Waldrändern und Gewässern sowie auf Brachflächen zu finden.

Obwohl die Pflanze so außerordentlich wehrhaft ist, wird sie von vielen Tieren gerne gefressen. Es gibt sogar Schmetterlinge, die sich ausschließlich von ihr ernähren, z. B. die Raupen des Tagpfauenauges.

Die Kleine Brennnessel *(Urtica urens)* kann genauso gut verwendet werden. Sie ist nur seltener als ihre »Schwester«.

Sammelzeit ist April bis Juni beim ersten Austrieb. Wenn sie gemäht wurde, kann man auch später im Jahr beim Wiederaustrieb zarte grüne Blätter ernten.

Die beste Erntezeit ist der Frühling. Ich schneide dann die Spitzen zarter junger Pflanzen mit den ersten zwei Blättern ab. Später im Jahr empfehlen sich Stellen, an denen gemäht wurde und die Brennnesseln neu austreiben. Auch dort sind sie gut zu verwenden. Wenn die Pflanzen bereits die ersten kleinen grünen und unauffälligen Blüten haben, sind die Stängel zu faserig, und die Ernte lohnt sich nicht.

Zu Hause werden die Triebspitzen dann in kaltem Wasser gewaschen und grob zerkleinert. Solange die Brennnesseln roh sind, empfiehlt sich weiterhin der Gebrauch der Handschuhe!

Brennnesselsuppe

ZUTATEN (für 4 Personen):

- Eine große Handvoll Brennnesseltriebspitzen
- 1 Zwiebel
- etwas Öl oder Butter
- ca. 3 große Kartoffeln (geschält und in kleine Würfel geschnitten)
- 0,75 l Milch
- Muskat und Salz

Verwendete Wildkräuter:
Brennnessel
Tipp: *Diese Suppe schmeckt etwas nussig und unterscheidet sich deutlich von allen Suppen, die ich vorher gegessen hatte. Mein Sohn hat sie spontan zu etwas erklärt, das man gern wieder einmal essen könne!*

ZUBEREITUNG:

- Wildkräuter waschen und grob hacken;
- Zwiebel in mittelgroße Würfel schneiden und in Butter oder Öl anschwitzen. Mit der Milch ablöschen und die Kartoffelstückchen zugeben;
- nach etwa 5 Min. gehackte Kräuter dazugeben und mitkochen lassen, bis die Kartoffeln gar sind;
- die Suppe mit dem Pürierstab zerkleinern und mit Salz und evtl. Muskat nach Geschmack würzen.

Hopfen

Wenn sich im Sommer eine Pflanze dschungelmäßig bis in die Krone hoher Bäume emporschlingt, deren Blätter an die des Ahorns erinnern und der Blattstiel rau behaart ist – dann handelt es sich wahrscheinlich um Hopfen. Es lohnt sich daher, den Standort zu notieren.

In unseren Rezepten verwenden wir die frischen Frühjahrstriebe ab April. Geerntet werden die zarten Spitzen mit den ersten zwei Blattpaaren (ca. 10–15 Zentimeter).

Der Hopfen
Humulus lupulus

Der heimische Hopfen ist eine ausdauernde Kletterpflanze, die in jedem Jahr vom Boden wieder austreibt.

Männliche und weibliche Blüten wachsen beim Hopfen auf verschiedenen Pflanzen, die Früchte findet man nur auf weiblichem Hopfen. Diese Hopfenzapfen werden als Bitterstoff beim Bierbrauen verwendet. Als Tee getrunken, sollen Hopfenzapfen beruhigende Wirkung haben.

Sammelzeit: frische Triebe im April bis Mai

Hopfensprossen süßsauer

ZUTATEN (für 4 Personen):
- ca. 500 g Hopfensprossen
- 0,4 l weißer Balsamicoessig
- 0,2 l Weißwein
- ½ TL Salz
- ½ TL Rohrzucker
- Eiswürfel
- 1 EL frische Wildkräuter
  (z. B. Giersch, Vogelmiere,
  Pimpernelle)
- ½ Knoblauchzehe
- etwas kalt gepresstes Olivenöl
- frisch gemahlener Pfeffer,
  Salz

ZUBEREITUNG:
- Weißwein, Essig, Salz und Zucker aufkochen und die Hopfensprossen portionsweise darin kurz blanchieren, dann schnell in eiskaltes Wasser geben, danach gut abtropfen lassen;
- Knoblauchzehe sehr fein hacken oder auspressen;
- Knoblauch, fein gehackte Kräuter und Gewürze in das Öl einrühren und über die Hopfensprossen geben;
- vor dem Servieren kurz ziehen lassen.

Die Hopfensprossen sind im Geschmack leicht herb, was sehr gut zum süßsäuerlichen Aroma der Marinade passt.

Knoblauchsrauke

Diese Pflanze, die wir inzwischen so überaus gern in vielen Salaten verwenden, ist mir früher überhaupt nicht aufgefallen. Wenn man allerdings auf sie zu achten beginnt, stellt man fest: Es gibt sie an den allermeisten Wegrändern.

Am besten erntet man sie vor der Blüte im März/April. Wenn die Knoblauchsrauke gerade allererste Blütenknospen treibt, sind ihre Blätter ganz zart und haben ein sehr mildes Knoblaucharoma. Oft gibt es auch später im Jahr noch eine zweite Chance zur Ernte.

Wer einem Gericht ein mildes Laucharoma hinzufügen möchte, der findet mit der Knoblauchsrauke dafür die ideale Pflanze. KH

Knoblauchsrauke
Alliaria petiolata

Die Knoblauchsrauke – auch Knoblauchrauke od. Knoblauchhederich genannt – ist eine zwei- bis mehrjährige Pflanze aus der Familie der Kohlgewächse. Mit Schnittlauch, Zwiebel, Bärlauch & Co. ist sie nicht verwandt.

Die Stängelblätter sind etwas herzförmig mit leicht gekerbtem Rand. Sie gehört zu den Pionierpflanzen, die gerne an Standorten wächst, wo viel nackte Erde ist.

Die Raupe des hübschen Aurorafalters lebt gern an Knoblauchsrauken.

Sammelzeit: März bis Mai

Kartoffelgratin mit Wildgemüse

Dieses Gratin ist sowohl als Hauptgericht mit einem frischen Salat als auch als raffinierte Stärkebeilage in einem Menü immer eine Delikatesse.

ZUTATEN (für 4 Personen):
- 1 kg Kartoffeln (festkochend)
- 300 ml Milch
- 300 ml Sahne
- 1 TL Salz
- 150 g Gouda
- 200 g Wildgemüse allein oder beliebig gemischt: Knoblauchsrauke, Bärlauch, Brennnessel, Giersch, Löwenzahn, Vogelmiere, Sauerampfer, Schnittlauch, Pimpernelle ...

Verwendete Wildkräuter:
Brennnessel, Giersch, Knoblauchsrauke, Löwenzahn, Vogelmiere, Sauerampfer, Pimpernelle.

ZUBEREITUNG:
- Kartoffeln vorkochen, abkühlen lassen, pellen und in Scheiben schneiden. Die Milch und die Sahne mit Salz, Pfeffer und Muskatnuss würzen;
- Wildkräuter waschen, abtropfen lassen und grob hacken;
- Kartoffeln in eine gebutterte Auflaufform schichten, die Kräuter darübergeben und mit geriebenem Gouda bestreuen;
- im vorgeheizten Backofen bei 200 °C etwa 20 Min. backen.

Tipp: *Das ist mein absoluter Lieblingsauflauf, der auch am nächsten Tag kalt hervorragend schmeckt.*

Waldmeister

Nachdem ich im Studium die botanischen Bestimmungsübungen hinter mir hatte, war ich fit, um die ersten praktischen Erfahrungen mit Wildkräutern zu machen – so dachte ich. Es war Frühling, und eine Waldmeisterbowle schien mir genau das Richtige zu sein. Ich wusste aus dem Bestimmungsbuch, dass Waldmeister wenn nicht direkt im Wald, dann doch unter Bäumen vorkommt und gern auf feuchtem Boden wächst. Es war mir ein Leichtes, in einem Park welchen zu finden. Ich pflückte also – getreu dem Rezept – ein Sträußchen und hängte es in den Wein – nur das Ergebnis war nicht das erhoffte: Vom Waldmeister war nicht viel zu schmecken ... Erst viel später habe ich gelernt, dass er sein typisches Aroma erst beim Welken und Trocknen entfaltet! Im Rezept hätte also stehen müssen, die Pflanzen erst ein paar Stunden antrocknen zu lassen und sie erst dann in den Wein zu geben.

Weiß man, dass der Waldmeister nur getrocknet sein Aroma entfaltet, kann man daraus einen wunderbaren Nutzen ziehen: Im März bis April und vor der Blüte gesammelt, an einem dunklen, gut belüfteten Ort getrocknet, kann man ihn das ganze Jahr zum Aromatisieren nutzen.   LO

Waldmeister
Galium odoratum

Ausdauerndes Kraut mit dunkelgrünen, glatten Blättern, die in Quirlen um den Stängel angeordnet sind.
Er wächst in Laubwäldern im zeitigen Frühjahr, bevor die Bäume Blätter bekommen.
Höhe: 10–20 cm
Blütezeit: Mai
Das typische Waldmeisteraroma, das beim Trocknen entsteht, ist auf die Bildung von Cumarin zurückzuführen, das in größeren Dosen giftig ist.
In Büchern über Giftpflanzen wird der Waldmeister als wenig giftig bis kaum giftig eingestuft – man empfiehlt, für 1 Liter Bowle nicht mehr als 3 Gramm frisches Kraut zu nehmen.

Kopenhagener mit Waldmeister-Limetten-Quarkfüllung

ZUTATEN für 8 Kopenhagener:

- 1 Rolle fertiger Blätterteig aus dem Kühlregal (oder aufgetauter gefrorener)
- 250 g Quark (bitte abgießen)
- Saft von 1–2 Limetten, etwas Limetten-schale
- 6 Stängel Waldmeister (getrocknet oder angewelkt – man muss das Waldmeister-Aroma riechen!)
- Rohrzucker nach Geschmack
- etwas Zitronenzucker (Streuzucker mit Limettenschale)

Verwendete Wildkräuter:
Waldmeister

Tipp: *Waldmeister und Limette haben zusammen einen sehr frischen, frühlingshaften Geschmack. Der Quark sollte aber nicht zu flüssig sein, damit der Kopenhagener bis zum Schluss ein richtig dickes Quarkpolster hat.*

ZUBEREITUNG:

- Am Vorabend Limetten auspressen; den Waldmeister in einem Teebeutel über Nacht einlegen, danach den Waldmeister entfernen;
- den Quark und den Waldmeister-Limetten-Saft mit etwas Schale und dem Zucker abschmecken;
- den Blätterteig in 8 Quadrate schneiden, auf ein mit Backpapier bedecktes Backblech legen und 1 Esslöffel Quark in die Mitte geben;
- die Ecken des Blätterteigs zur Mitte klappen, den Quark dabei nicht vollständig verdecken. Den Blätter-teig mit Zitronenzucker bestreuen;
- bei 175 °C etwa 10 Min. backen, bis der Blätterteig goldbraun ist.

❦Brombeere

In Hamburg findet man die Brombeere in vielen Parks. Manchmal ist sie ein wenig in die (wilden) Ecken verdrängt. Sie ist unverwüstlich und kann ganze Bereiche mit ihren langen stachligen Ranken und Trieben zuwuchern.

Mein Tipp für alle Brombeerliebhaber: Tragen Sie feste Handschuhe, unempfindliche, glatte, langärmlige und langbeinige Kleidung zur Ernte! Und verwenden Sie einen Spazierstock oder einen Regenschirm mit gebogenem Griff zum Heran- bzw. Herunterziehen der Ranken. So ist die Ernte der leckeren Früchte wesentlich einfacher und macht mehr Spaß.

Nach wie vor nasche ich die Brombeeren am liebsten frisch direkt vom Strauch, so wie schon als Kind auf dem Land. Fruchtig, süßsauer und etwas herb – so sind sie für mich unwiderstehlich. Und das geht offensichtlich vielen so: Unsere Briefträgerin beobachtete ich zufällig dabei, wie sie sich auf dem Weg zu unserem Briefkasten quasi im Vorbeigehen bei den reifen Früchten bediente. Seither bekommt sie von mir zu Weihnachten ein Glas selbstgemachte Brombeerkonfitüre geschenkt (s. S. 79).   KH

Brombeere
Rubus fruticosus **und verwandte Arten**

Blüht ab Mai weiß bis rosa an ein- und zweijährigen Trieben.

Die Blätter und besonders die langen Ranken sind reich bestachelt.

Die tief rotschwarzen oder ganz schwarzen Früchte werden aus mehreren kleinen Steinfrüchtchen gebildet und reifen ab Juli, vorwiegend im Spätsommer.

Die Brombeere wächst an Waldrändern, in Knicks und Gebüschen, aber auch in Parkecken.

Für den heimischen Garten gibt es stachellose Kultursorten.

Sammelzeit: August

Brombeer-Apfel-Crumble

ZUTATEN (für 4–6 Personen):

Teig
- 100 g harte Butter
- 100 g Rohrzucker
- 200 g Dinkel-Vollkornmehl
- 25 g Dinkel-Vollkorngrieß
- 1 Prise Salz
- Vanille
- etwas Wasser nach Bedarf

Fruchtmasse
- 500 g säuerliche Äpfel
- 250 g Brombeeren oder andere säuerliche Früchte
- Zimt nach Geschmack
- etwas Wasser

Verwendete Wildfrüchte:
Brombeere

Tipp: *Der Crumble schmeckt am besten heiß mit Vanillesauce, flüssiger Sahne oder Eis.*

Dieser Crumble ist ein typisch britischer Nachtisch, der ohne weiteres auch als sättigendes Hauptgericht durchgeht. Im Gegensatz zu deutschen Streuselkuchen ist der Crumble nicht so süß und lässt das Aroma der Früchte besser zur Geltung kommen.

ZUBEREITUNG:

Teig
- Alle Zutaten zügig zu Mürbeteigstreuseln zusammenkneten.

Fruchtmasse
- Äpfel schälen, entkernen, in kleine Stücke schneiden;
- zerkleinerte Äpfel mit den Brombeeren und dem Zimt mischen;
- Fruchtmasse in eine gebutterte feuerfeste Form füllen und wenig Wasser zugeben;
- Mürbeteigstreusel über die Fruchtmasse verteilen;
- etwa 30–45 Min. bei 175 °C backen, bis die Streusel leicht gebräunt und die Apfelstückchen weich sind.

Wildfrucht-Essig

ZUTATEN:

- 2 Tassen Wildfrüchte (sortenrein oder gemischt: Brombeeren, Kornelkirschen, Vogelbeeren, Schlehen etc.)
- 1 l weißer Balsamicoessig
- ca. 50 g Rohrzucker

Verwendete Wildfrüchte: *Brombeeren, Kornelkirschen, Vogelbeeren, Schlehen etc.*

Tipp: *Der Wildfrucht-Essig gibt jungen Blattsalaten eine raffinierte, feine Note!*

Oder: *Mit Mineralwasser und etwas Zucker ergibt der Essig eine erfrischende Limonade.*

Extra-Tipp: *Mein Mann hat sich eine Flasche Brombeer-Essig zu einer Flasche Olivenöl ins Büro gestellt. Er nimmt sich häufig einen frischen saisonalen Salat mit und bereitet sich aus Fruchtessig und Öl eine schnelle Marinade zu. Eine gesunde Alternative zum Kantinenessen!*
KH

ZUBEREITUNG:

- Früchte mit Essig übergießen und in einem gut verschlossenen Glas mind. 3–4 Tage kühl stehen lassen (Keller);
- Fruchtessig mit dem Zucker (Menge je nach Säuregehalt der Früchte) aufkochen, danach durch ein Tuch pressen;
- erneut kurz aufkochen, evtl. abschäumen und abkühlen lassen;
- noch heiß sofort in Glasflaschen abfüllen.

ZUBEREITUNGSVARIANTE:

- Die gewaschenen und abgetropften Früchte und den Essig (ohne Zucker) in ein verschließbares Glasgefäß geben. Wenn die Früchte oben aus dem Essig ragen, sollte man in den ersten Tagen das fest verschlossene Gefäß ab und zu auf den Kopf stellen, damit alle Früchte in den Essig eingetaucht werden. Bei dieser Variante können die Früchte gerne auch ein paar Monate im Essig liegen, bis das volle Aroma übergegangen ist. So bleiben weitgehend alle Vitamine erhalten.

Stadtgrün und Nachbars Garten

Linde

Wer als Autofahrer während des Frühjahrs schon mal etwas länger unter einer Linde geparkt hat, erkennt sein Auto oft kaum wieder: Das Gefährt ist dann von einer klebrigen Schicht überzogen, und es hat meistens nach ein paar Tagen schwarze Flecken. Wirklich eklig! Der Grund ist klar: Der Pflanzensaft von Linden wird von Blattläusen sehr geschätzt. Ihre zuckerhaltigen Ausscheidungen landen auf unter den Bäumen stehenden Autos und werden dort von Pilzen zersetzt.

Wesentlich appetitlicher sind die anderen Lindenprodukte: Ich schätze besonders den Lindenblütenhonig als süßen Aufstrich auf meinem Frühstücksbrötchen. Ebenso nutze ich die frisch aufgeblühten, sehr aromatischen Blüten. Ich trockne sie und bereite daraus wohlschmeckenden Lindenblütentee zu.

Das Laub von Bäumen als Lebensmittel zu betrachten war für mich lange fremd. Tatsächlich sind die Blätter vieler Baumarten essbar, einige sogar durchaus wohlschmeckend. Hasel – Weißdorn – Birke – Buchen ... Mein Topfavorit aber ist und bleibt die Linde. Ich mag das nussige Aroma ihrer zarten Blätter sehr!

Vorteil Bäume: Beim Sammeln der Zutaten für einen Blättersalat habe ich nie Bedenken, die einzelne Pflanze zu schädigen oder gar den Bestand einer Art zu gefährden. Und es ist eine sehr rückenschonende Angelegenheit – das Bücken entfällt!   KH

Linde
Tilia cordata – **Winterlinde**
Tilia platyphyllos –
Sommerlinde

Die Linde wird bis zu 40 m hoch. Sie hat herzförmige Blätter mit einem fein gesägten Rand.
Die Linde blüht im Juni mit gelb-weißen, hängenden Blütenständen. Deren Stiele sind jeweils mit einem zungenförmigen Hochblatt verwachsen, das den reifen Früchten als Flugorgan dient.
Die Linde ist kein typischer Waldbewohner. Vereinzelt findet man sie im Laubmischwald. Häufig wird sie in Parks und auf Grünstreifen als Straßenbaum gepflanzt.
Sammelzeit: junge, noch nicht voll entfaltete Blätter ab April und bis Mai; Blüten im Juni

Bunter Baumblättersalat mit gerösteten Nüssen

(Nur im zeitigen Frühjahr)

ZUTATEN (für 4 Personen):

- 3 Handvoll Blätter von Linde, Buche, Birke und/oder Weißdorn
- 1 Handvoll Wildkräuter, z. B. Vogelmiere, Knoblauchsrauke, Löwenzahn
- einige essbare Blüten, z. B. Löwenzahn, Lungenkraut, Gänseblümchen, Veilchen (s. Liste S. 120, 121)

Vinaigrette
- 1 TL Senf
- 1 TL Honig
- 1 TL Salatkräuter (Bärlauch, Pimpernelle, Schnittlauch o. ä.)
- 2 EL milder Essig
- 3 EL kalt gepresstes Öl (z. B. Bärlauchöl – eine Handvoll Bärlauchblätter in ca. ½ l kalt gepresstes Öl geben und etwa 1 Woche bis 10 Tage ziehen lassen, dann die Blätter entfernen)
- Salz und Pfeffer
- Haselnüsse, Mandeln oder Sonnenblumenkerne nach Geschmack

ZUBEREITUNG:

- Baumblätter waschen und mit fein gehackten Kräutern vermischen;
- Zutaten der Vinaigrette miteinander verschlagen und kurz vor dem Anrichten über die Salatmischung geben;
- Nüsse oder Sonnenblumenkerne ohne Fett in der Pfanne anrösten und hinterher hacken (Achtung: Die Nüsse bräunen plötzlich sehr schnell!);
- Blüten säubern und vor dem Anrichten den Salat damit dekorieren.

Tipp: *Im Frühjahr schmecken die jungen Baumblätter besonders gut – wenn sie sich noch nicht voll entfaltet haben und hellgrün sind. Am besten probiert man vorher jeweils die Blätter der Baumart, um den individuellen Geschmack zu testen. Im Laufe des Frühjahrs produzieren Bäume in den Blättern Bitterstoffe, die verhindern sollen, dass sie gefressen werden. Das wehrt auch Liebhaber von Baumblättersalaten zuverlässig ab!*

Rose

Wie so viele Familien aus Norddeutschland fuhren auch wir früher jedes Jahr in die Ferien nach Dänemark. Dort habe ich die Kartoffelrose *(Rosa rugosa)* kennengelernt, die gern als Hecke zwischen die Ferienhäuser oder zur Befestigung der Dünen gepflanzt wird. Sie blüht weiß oder knallig pink, hat an den Stielen eine unendliche Anzahl von Stacheln und dicke rote oder orange Hagebutten. Damals wäre es mir allerdings nicht in den Sinn gekommen, die Hagebutten mal anzuknabbern, eher schon, sie als »Juckpulver« zu verwenden ...

Inzwischen weiß ich jedoch: Eine reife dicke Hagebutte der Kartoffelrose, der man die Haut abgezogen und deren Fruchtfleisch man vorsichtig mit den Zähnen von den Kernen gepult hat, schmeckt ähnlich wie eine reife Mango. Sehr, sehr lecker!

Man kann die Hagebutten aller Rosenarten verwenden. Hagebutten findet man auch in vielen Parks und Gärten. Sie sind in der Regel durch das leuchtende Rot im Herbst leicht zu finden – und erst recht, wenn die Blätter bereits gefallen sind.   LO

Rose
Rosa sp.

Rosen sind bei uns meist sommergrüne Gehölze.
Sie haben Stacheln, die Tiere daran hindern sollen, sie zu fressen.
Die Blätter sind fünfzählig gefiedert.
Die wenigsten Zuchtrosen, die man in Gärtnereien kaufen kann, duften noch. Nur wer extra nach Duftrosen fragt, kann fündig werden.
Die Früchte der Rosen sind je nach Art orange, rot oder schwarz, 0,5 bis 2 cm groß, länglich eiförmig bis rund.
Sammelzeit: Blüten: Juni
Hagebutten: August bis Oktober

Tipp für die Verarbeitung von Hagebutten

Die Verarbeitung von Hagebutten ist immer aufwändig. Für die Verwendung der Hagebutten muss das Fruchtfleisch von den Kernen befreit werden. Ein Weg, an das Hagebutten-Fruchtfleisch zu kommen, ist das Passieren der Früchte durch die Flotte Lotte. Dazu müssen die Kelchblätter am unteren Ende der Frucht entfernt werden. Anschließend werden die Hagebutten mit wenig Wasser aufgekocht. Dann können sie passiert werden. Die Hagebutte besteht zu mehr als 50 Prozent aus Kernen – für die Pflanze macht das Sinn, denn sie will ja ihre Samen verbreiten.

Um möglichst viel Fruchtmark zu erhalten, sollte man immer wieder etwas Wasser auf die Kerne im oberen Teil der Flotten Lotte geben – und wirklich lange passieren. Das Verfahren lohnt sich: So erhält man deutlich mehr Hagebutten-Fruchtmark als anfangs erwartet.

Doch effizienter ist das manuelle Auskratzen der Frucht mit dem Teelöffel. Das gelingt am besten bei Früchten, deren Fruchtfleisch noch fest ist. Und wirklich lohnend ist es nur bei den großen Früchten der Kartoffelrose. Dazu werden wieder die Kelchblätter ausgebrochen. Es ist ratsam, die darunter liegenden »juckenden« Haare gleich mit zu entfernen. Diese Haare sind übrigens immer schimmelgrau, über den Frischezustand der Hagebutte sagt diese Farbe nichts aus. Danach teilt man die Hagebutte mit einem kleinen Messer in zwei Hälften und entfernt die Kerne. Die Reste der Stiele, die beim Ernten hängen geblieben sind, müssen sorgfältig entfernt werden, sie sind sehr hart. Die ausgekratzten Hälften kann man dann klein schneiden oder pürieren, direkt für die Rezepte verwenden oder einfrieren.

Ich empfehle, ab und zu Hände und Unterarme abzuspülen, um die juckenden Haare der Hagebutte zu entfernen. Alternativ kann man das Entkernen auch gleich in einer Schüssel voll Wasser machen. Meine Sache ist das Letztere aber nicht, denn dann schwimmen einem die Kerne im Weg und kleben an Händen, Werkzeug und Fruchtfleisch. Ich wasche auch die Früchte erst hinterher, weil die trockenen Kerne leichter aus dem Fruchtfleisch krümeln.

Hagebutten-Marmelade

ZUTATEN:

- ca. 2,5 kg Hagebutten
- Orangensaft von 2 Orangen
- 2 TL fein gehackter frischer Ingwer
- fein geriebene Schale einer unbehandelten Zitrone oder Orange
- 500 g Gelierzucker 2:1

Tipp: *Der Ingwer gibt sein volles Aroma erst nach und nach an die Marmelade ab – nach dem Kochen und Abfüllen intensiviert sich das Aroma noch. Also zunächst vorsichtig dosieren!*

ZUBEREITUNG:

- Hagebutten, deren Fruchtfleisch noch fest ist, pflücken, waschen und Kelchblätter entfernen. Dann entkernen und die inneren Haare entfernen. Danach nochmals gründlich waschen und klein schneiden;

oder

- wenn die Hagebutten bereits zu reif sind: ganze Früchte aufkochen und durch die Flotte Lotte mit feinem Sieb passieren;
- Mus mit dem Orangensaft auf etwa 900 ml auffüllen und mit Ingwer und Zitrusschale mit dem Gelierzucker nach Vorschrift kochen;
- In Twist-off-Gläser füllen, verschließen und auf dem Deckel stehend abkühlen lassen.

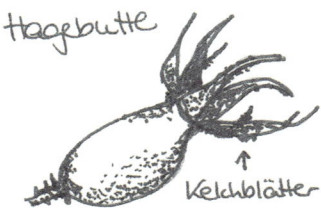

Hagebutte

↑
Kelchblätter

Hagebutten-Frischkäse-Füllung auf Fenchelschiffchen

ZUTATEN (für 4 Personen):
- 4 Fenchelknollen
- Saft einer halben Zitrone
- 3 EL Olivenöl
- Salz, Pfeffer, Rohrzucker

ZUBEREITUNG:
- holzige Stiele abschneiden, Grün entfernen;
- Knollen je nach Größe vierteln oder halbieren;
- innere Schichten so von innen herausschneiden, dass der Boden der »Schiffchenblätter« noch zusammenhängt. Die inneren Schichten werden für die Füllung gebraucht;
- Fenchelschiffchen in eine feuerfeste, mit Öl ausgestrichene Form legen, mit Öl und Zitronensaft beträufeln;
- mit Salz, Pfeffer und Zucker bestreuen;
- etwas Wasser auf den Boden der Form geben und den Fenchel bei ca. 180 °C 15–20 Min. im Backofen schmoren. Er soll weich und leicht gebräunt sein.

ZUTATEN Füllung
- Fenchelklein
- 100 g Frischkäse
- 1 TL Apfelessig
- Salz, Rohrzucker
- 100 g Hagebuttenmark
- ½ Zitrone, in dünne Scheiben geschnitten

ZUBEREITUNG:
- den zuvor beiseitegestellten Fenchel und das Fenchelgrün sehr fein hacken;
- Fenchelklein mit Salz, Zucker und Essig anmachen;
- mit dem Hagebuttenmark und der Hälfte des Frischkäses vermischen;
- die abgekühlten Fenchelschiffchen damit füllen;
- mit restlichem Käse und Zitronenscheiben garnieren.

Essigbaum

Vom elterlichen Garten habe ich den Essigbaum vor allem als wucherndes Ungetüm in
Erinnerung. Mein Vater beschwerte sich über
die zahlreichen Ableger, die überall in den Bee-
ten auftauchten. Andererseits zeigte der Baum
im Herbst eine tolle Färbung – und durfte
daher auf unserem Grundstück weiterleben.
Dass man den Essigbaum kulinarisch verwer-
ten kann, war mir lange unbekannt. Durch Zu-
fall erfuhr ich, dass man die Beeren in Nord-
amerika, woher der Essigbaum stammt, zu
einem erfrischenden Getränk verarbeitet. Ich
fing an, in meiner Umgebung bewusst auf Es-
sigbäume zu achten, und entdeckte sie in vielen Gärten und Parks. Ein Prachtexemplar
steht sogar bei einem Nachbarn in unserer
Straße und bildet jeden Spätsommer unzählige attraktive rote Beerenkerzen aus. Bereit-
willig erhielt ich die Ernteerlaubnis – als Dank
bekam der Nachbar einen Liter Essigbaum-
schorle.
Die Essigbaumfrüchte bleiben oft bis ins
nächste Jahr am Baum, da sie bei der hiesigen
Tierwelt nicht beliebt sind.   KH

Essigbaum
Rhus typhina, syn. hirta

Der Essigbaum ist ein mittelgroßer Baum mit lan-
gen gefiederten Blättern.
Seine Zweige sind samtig
behaart.
Er treibt spät im Jahr aus
und blüht im Mai/Juni mit
grünlich gelben, kerzen-
förmigen Blütenständen.
Sammelzeit: Die roten
Beeren reifen im August/
September.

Essigbaum-Schorle

ZUTATEN (für 6–8 Personen):
- 150 g Essigbaumbeeren
- 1 l Wasser
- 300 g Zucker
- 1 l kohlensäurehaltiges Wasser

Verwendete Wildfrüchte:
Essigbaum-Fruchtstände

ZUBEREITUNG:
- Die kleinen haarigen Beeren vom roten, kerzenförmigen Fruchtstand knibbeln. Am besten geht's mit einer Gabel;
- die säuerlichen Beeren ½–1 Tag in kaltes Wasser legen. Dabei nimmt das Wasser eine deutliche rosa Färbung an;
- alles durch ein Tuch filtrieren und nach Geschmack süßen;
- mit kohlensäurehaltigem Wasser auffüllen;
- frisch genießen!

Kornelkirsche

Die Kornelkirsche ist mir zuerst durch ihre gelbe Blütenpracht im zeitigen Frühjahr aufgefallen. Sie leuchtet einem aus vielen Parks und Gärten entgegen, wenn die Landschaft sonst noch eher gedeckte Winterfarben trägt.

Leicht kann man die Pflanze für eine besonders kräftige, baumartige Forsythie halten. Doch spätestens im August klärt sich der Irrtum auf, wenn die knallroten, länglichen Früchte etwas versteckt unter den Blättern reifen.

Mein kulinarisches Aha-Erlebnis mit der Kornelkirsche hatte ich vor einigen Jahren. Ende August begegnete ich auf einem Spaziergang durch ein Kleingartengebiet zwei Freunden. Sie hatten unter einer Kornelkirsche ein großes Tuch ausgebreitet und schüttelten nun den kleinen Baum. »Was macht ihr denn da?«, fragte ich interessiert. »Kornelkirschen ernten«, lautete die Antwort. »Kann man die denn essen?«, erkundigte ich mich skeptisch. »Aber natürlich! Sie schmecken köstlich«, belehrten mich die beiden. Eine Kostprobe der Früchte ergab tatsächlich ein fruchtiges, säuerliches Aroma. Kurz entschlossen erntete ich gleich mit und habe zu Hause meinen Ernteanteil zu einem leckeren Fruchtmus verarbeitet.

Kornelkirsche
Cornus mas

Blüht im zeitigen Frühjahr noch vor dem Laubaustrieb leuchtend gelb. Die Blätter des Strauches oder kleinen Baumes haben wie die anderen Hartriegel-Sträucher parallel verlaufende Blattadern. Die Früchte sind rot, 1–1,5 cm lang und hängen an einem deutlichen Stiel. Sie reifen ab August bis in den September hinein. Die Kornelkirsche wächst in Parks und Gärten, aber auch in Hecken und an Waldrändern. Sie wird 6–8 m hoch.
Sammelzeit: Aug. – Sept.

Die Kornelkirsche macht es einem nicht leicht mit der Ernte: Die Früchte eines Baumes reifen nicht gleichzeitig. Und sind sie wirklich reif, fallen sie sofort zu Boden. Dort tritt man leicht in sie hinein, wenn man die Früchte vom Baum pflücken will. Es empfiehlt sich daher ein Tuch – das fleckig werden darf –, ein Eimerchen und festes Schuhwerk ohne ausgeprägtes Profil. KH

Kornelkirschen-Mus

ZUTATEN:
- 2 kg Kornelkirschen
- 250 ml Orangen- oder Apfelsaft
- evtl. 1 Stück (ca. 3 cm) frischer Ingwer
- 500 g Gelierzucker 1:1

Verwendete Wildfrüchte:
Kornelkirschen

Tipp: *Das Kornelkirschen-Mus schmeckt sehr lecker als Brotaufstrich, im Joghurt oder auf Briekäse.*

ZUBEREITUNG:
- Kornelkirschen im Saft weich kochen und durch die Flotte Lotte mit grobem Sieb passieren;
- Ingwer schälen, sehr fein hacken;
- Kornelkirschen-Mus mit dem Ingwer und dem Gelierzucker verrühren und köcheln lassen, bis sich der Zucker gelöst hat und die Masse zu gelieren beginnt;
- sofort in saubere Twist-off-Gläser füllen, verschließen und auf dem Deckel stehend abkühlen lassen.

Kornelkirschen-Likör

ZUTATEN:
- 1 kg reife Kornelkirschen
- 500 g (weißer) Kandis
- je nach Geschmack 1 Stück Ingwer (ca. 1–2 cm lang) oder andere Gewürze
- 1 l (Doppel-)Korn

Verwendete Wildfrüchte:
Kornelkirschen

ZUBEREITUNG:
- Kornelkirschen waschen und Stiele entfernen;
- Fruchtstücke mit Kandis und Gewürzen in ein verschließbares Glasgefäß geben;
- mit klarem, hochprozentigem Alkohol übergießen und mind. 6 Wochen ziehen lassen;
- filtrierten Likör in hübsche Flaschen füllen und noch einige Wochen (besser Monate) reifen lassen.

Tipp: *Dieses Rezept steht stellvertretend für alle Fruchtliköre aus (Wild-)Früchten. Wenn man Zierquitten verwendet, sollte man die Früchte in grobe Stücke zerteilen und die Kerngehäuse entfernen. Das erhält die hellgelbe Farbe – mit Kerngehäuse wird der Likör eher ockerfarben.*
Mit dem Zusatz verschiedener Gewürze oder Mischungen aus verschiedenen Früchten kann man in jedem Jahr neue Geschmacksrichtungen ausprobieren. Es gilt der Grundsatz, immer mehr Alkohol als Früchte zu verwenden, damit das Getränk haltbar ist.

Wildpflaume (oder Kirschpflaume)

Hinten im Garten bei uns stehen zwei alte, etwa sechs Meter hohe Bäume, die im Hochsommer über und über voller Früchte hängen. Auf den ersten Blick konnte ich sie nicht recht einordnen: Pflaume, Mirabelle, Kirsche oder gar Schlehe? Meine Recherche ergab dann, dass es zwei Kirschpflaumen sind.

Die Formenvielfalt der Früchte bei diesem Baum ist groß. Je nach Sorte gibt es gelbe, rötliche, bläuliche und dunkelviolette, rundliche und eher eiförmige, aber immer bereifte Früchte. Die Frucht hat einen Kern, der dem der Pflaume ähnelt. Wenn die Früchte richtig reif sind, können sie sehr süß sein und dabei eine angenehme Säure behalten. Ich empfehle, die Früchte vor der Ernte zu probieren, denn manche Sorten haben wenig Säure und sind eher mehlig, diese würde man nicht pflücken wollen.

Meine eigenen Kirschpflaumen tragen ausgesprochen reichlich und haben gelb-grünliche Früchte. Der Zeitabstand zwischen noch grün und hart und schon reif, abgefallen und matschig ist kurz, die Erntezeit genauso.

Ein Entsteinen per Hand ist unmöglich. Wenn ich die geernteten Früchte nicht unverarbeitet einfriere, kommt sofort die Flotte Lotte zum Einsatz. Die aufgekochten wei-

Wildpflaume
(oder Kirschpflaume)
Prunus cerasifera

Die Wildpflaume ist ein sommergrüner, manchmal bedornter großer Strauch oder kleiner Baum bis ca. 8 m Höhe. Die wechselständigen Blätter sind elliptisch bis eiförmig. Es gibt Sorten mit dunkelroten Blättern. Die einzeln stehenden, weißen oder rosa Blüten erscheinen vor oder mit den ersten Blättern.

Die Kirschpflaume ist sehr anspruchslos und kommt mit fast allen Boden- und Klimabedingungen zurecht.

Je nach Sorte sind die Steinfrüchte gelb, rötlich, bläulich oder dunkelviolett, rundlich oder eiförmig und bis zu 3 cm groß.

Sammelzeit: Die Früchte reifen je nach Sorte von Juli bis September.

chen Früchte passiere ich durch einen groben bis mittelfeinen Einsatz. Das Fruchtmark verwende ich als Grundlage für fruchtige Saucen (s. u.) und Kompotte oder auch als Suppenkomponente (s. S. 85).

In Gärten und Parks wird die Kirschpflaume oft als Zierstrauch oder Kleinbaum angepflanzt. In den Gärten wissen ihre Besitzer häufig gar nicht, welche kulinarischen Schätze sie bei sich stehen haben. Da kann dann ein Erfahrungs- und Früchteaustausch über den Gartenzaun Wunder bewirken ... KH

Pikante Wildpflaumensauce

ZUTATEN (für 4 Personen):

- 750 g Wildpflaumen
- 75 g Rohrzucker
- 100 ml heller Traubensaft
- 1 Knoblauchzehe
- 1 kleine Chilischote
- 1 TL frisch geriebener Ingwer
- 1 EL Fruchtessig
- 1 EL Sonnenblumenöl
- 1 TL Senfkörner
- 1 TL Gewürzmischung aus Piment, Koriander, Nelken, Pfeffer
- 2 EL gehackte Mandeln

ZUBEREITUNG:

- Gewaschene Wildpflaumen mit dem Zucker und Traubensaft in einem Topf weich kochen. Anschließend durch die Flotte Lotte geben und entsteinen;
- Knoblauchzehe und Chilischote putzen und fein hacken. Mit Ingwer, Essig, Öl und den Gewürzen zu dem Wildpflaumenmus geben. Alles zu einem sämigen Püree verkochen;
- Mandeln in der Pfanne ohne Fett hellbraun anrösten und kurz vor dem Servieren unter die Wildpflaumensauce heben.

Tipp: *Ich esse die fruchtig-pikante Wildpflaumensauce gerne zu gebackenen Kartoffelschnitzen. Sie passt aber ebenso gut zu exotischen Reisgerichten oder zu gegrilltem Geflügelfleisch.*

Holunder (oder Fliederbeere)

Mein erster Kontakt mit Fliederbeer-grog – Holunderbeersaft mit heißem Wasser und Zucker –, noch als Jugendliche, war kein Erfolg: Der Geschmack war mir viel zu herb. Doch das hat sich geändert!

Wenn im Juni/Juli die riesigen weißen Blütendolden erscheinen, kann jeder sehen, dass der Holunder auch oft im Stadtgrün vertreten ist. Dann ist es die richtige Zeit, um Holunderblütensirup herzustellen.

Wer nicht abwarten kann, bis der Sirup nach ein paar Tagen fertig ist, dem empfehle ich, eine große Dolde über Nacht in eine Kanne mit 1 Liter Apfelsaft zu hängen. Das schmeckt genauso gut, ist nur nicht so lange haltbar.

Der Sirup ist in den letzten Jahren durch den Cocktail Hugo zu einer wiederentdeckten Berühmtheit geworden. Und ob nun mit oder ohne Alkohol – Getränke mit Holunderblüten sind einfach köstlich!   LO

Schwarzer Holunder
Sambucus nigra

Verholzter Strauch mit unpaarig gefiederten Blättern, die einen ganz eigenen Geruch verströmen.
Wächst in Parks, Knicks und an Waldrändern.
Blüht zwischen Juni und Juli in großen weißen Dolden.
Bildet im September schwarze Früchte, die erst nach dem Kochen genießbar werden.
Zwei weitere Arten wachsen in Norddeutschland: Der Attich (oder Zwergholunder) ist nicht verholzt (!), bleibt etwas kleiner, hat aber auch weiße Blütendolden und schwarze Früchte. Er ist leicht giftig.
Der Trauben- oder Hirschholunder blüht ebenfalls weiß, hat aber rote Früchte. Ihr Fruchtfleisch kann man ebenfalls verwenden, wenn man die Kerne entfernt (Flotte Lotte oder Entsafter).
Sammelzeit: Blüten Juni bis Juli
Früchte: September

Holunderblütensirup

ZUTATEN:
- **1 kg Zucker (ausnahms- weise schmeckt weißer Rübenzucker in diesem Rezept besser)**
- **1 l Wasser**
- **3 Zitronen (Bio-Qualität)**
- **25 g Zitronensäure**
- **6 große Dolden Holunderblüten**

Verwendete Wildpflanzen:
Holunderblüten

ZUBEREITUNG:
- 1 Zitrone gründlich waschen und in Scheiben schneiden, die anderen beiden auspressen;
- Holunderblüten säubern (kleine Tiere entfernen) und die groben Stiele abschneiden;
- alle Zutaten in ein verschließbares Glasgefäß geben und 2–3 Tage dunkel und kühl stellen. Ich verwende große Weckgläser mit Dichtungsring und Verschluss, die kann ich einfach auf den Kopf stellen;
- ab und zu umrühren oder schütteln, so dass der Zucker sich löst;
- Sirup durch ein feines Sieb gießen und kühl aufbewahren.

Fliederbeersuppe mit Schneeklößchen

ZUTATEN (für ca. 6 Personen):

- 1 kg abgestreifte Holunderbeeren
- ½ l Apfelsaft
- ½ l Wasser
- 500 g geschälte, zerkleinerte Äpfel und/oder Birnen
- 2–3 Gewürznelken
- 1 Msp. Zimt
- Schale einer halben Zitrone (entweder fein abgerieben oder als Spirale, die man später entfernen kann)
- ¼ l Sahne
- 25 g Speisestärke
- Zitronensaft nach Geschmack
- ca. 200 g Rohrzucker

ZUBEREITUNG:

- Holunderbeeren mit Apfelsaft ankochen, 5–10 Min. kochen lassen und durch die Flotte Lotte mit feinem Sieb passieren (Kerne entfernen);
- zerkleinertes Obst mit Gewürzen im Wasser gar kochen und mit dem Holunderbeersaft mischen;
- Stärke mit Sahne mischen und noch mal aufkochen;
- die Suppe mit Zitronensaft und Zucker abschmecken.

ZUTATEN Schneeklößchen (für 6 Personen):

- 3 Eiweiß
- 1 Prise Salz
- 3 EL Rohrzucker
- einige Tropfen Zitronensaft
- etwas echte Vanille

ZUBEREITUNG Schneeklößchen:

- Eiweiß mit Salz sehr steif schlagen;
- Zucker mit Vanille und Zitronensaft untermengen;
- mit einem Teelöffel kleine Klößchen abstechen und auf die heiße, aber nicht mehr kochende Suppe legen;
- Topf zudecken und die Klößchen ca. 5–10 Min. gar ziehen lassen.

Tipp: *Durch Zusatz von Zitronensaft wird der Eischnee besonders steif, und die Klößchen schmecken herzhafter. – Die fluffige Konsistenz der Schneeklößchen passt sehr gut zu der dunklen, etwas herben Suppe.*

Vogelbeere (Eberesche)

»Die ist doch giftig!«, bekomme ich immer zu hören, wenn ich im zeitigen Herbst die orangeroten Beeren der Eberesche pflücke. Doch das ist falsch. Richtig ist, dass die Vogelbeere ein recht herbes Aroma hat. Diese Bitternote – je nach Sorte unterschiedlich stark ausgeprägt – muss man mögen, aber giftig sind die Früchte ganz und gar nicht. Sie sind einfach Geschmackssache.

Lores Kommentar: »Mir sind sie definitiv zu bitter, und ich warte noch auf die Sorte, die ich tatsächlich für eine genussvolle Ergänzung in irgendeinem Gericht verwenden möchte.«

Ich sehe das anders: Ich verfeinere Chutneys mit ihnen und mache aus eher langweiligen Fruchtaufstrichen (Apfel-Birne) interessante Konfitüren.

Bei einer Verkostung der Vogelbeerenkonfitüre (s. S. 80) durch eine Schulklasse waren die meisten Kinder positiv überrascht: »Die Vogelbeeren schmecken ja richtig lecker!«

Neben reichlich Vitaminen und Sorbinsäure enthalten die Vogelbeeren auch Parasorbinsäure, die für den herben Geschmack verant-

Vogelbeere oder Eberesche
Sorbus aucuparia

Mittelgroßer Baum mit unpaarig gefiederten Blättern.
Blüht im Mai/ Juni mit cremeweißen Dolden.
Die Vogelbeere wächst bevorzugt auf feuchteren Böden. Da sie nur 10 bis 15 m hoch wird und eine eher lichte Krone hat, eignet sie sich auch gut als Hausbaum für den Garten.
Sammelzeit: August bis Oktober.

wortlich ist. Nur der Zuchtform der Edel-Eberesche (Mährische Eberesche) fehlen die Bitterstoffe in den Früchten.

Die auffallend orangeroten Früchte sind für Vögel besonders attraktiv – daher stammt ihr Name. Früher dienten die Beeren auch dazu, kleine Singvögel zu fangen.   **KH**

Helles Vogelbeerenchutney

ZUTATEN und Vorbereitung für ca. 2 Liter:

- 1 kg säuerliche Äpfel säubern und mit Schale in Stücke schneiden – die Stückchen wiegen
- 500 g Zwiebeln schälen und in Stücke schneiden
- 500 g Staudensellerie mit Grün säubern und in Stücke schneiden; das Grün und das Innere extra fein hacken und beiseitestellen
- 250 g Vogelbeeren säubern, 100 g beiseitestellen
- ½ l Apfelessig
- 1 Stück frischer Ingwer (ca. 3 cm lang)
- 1 frische rote Chilischote (nach Geschmack auch mehr)
- 3 EL Senfsamen
- ca. 500 g brauner Rohrzucker
- 1 EL Salz (oder mehr)

Verwendete Wildfrüchte:
Vogelbeere

ZUBEREITUNG:

- Apfelstücke, Zwiebeln, Staudensellerie-Stücke und 150 g Vogelbeeren in einem Kochtopf mit Essig übergießen;
- Ingwer schälen und fein hacken;
- Chilischote sehr fein hacken (ggf. mit Handschuhen);
- Ingwer, Chili und Senfsamen mit in den Topf geben und mit Deckel ca. 20 Min. kochen lassen, bis die Selleriestückchen gar (aber noch bissfest) sind;
- Zucker, Selleriegrün und 100 g Vogelbeeren zugeben; ohne Deckel unter Rühren köcheln lassen, bis sich der Zucker gelöst hat und ein Großteil der Flüssigkeit verdampft ist (½ bis 1 h);
- mit Salz abschmecken;
- sofort in saubere Gläser füllen und mind. 5 Min. kopfüber stehen lassen.

- Das Chutney sollte man noch mind. 3 Wochen vor dem Verzehr ziehen lassen, bis die Gewürze ihren vollen Geschmack entfaltet haben.

Tipp: *Mit Bratkartoffeln ergeben die Chutneys ein schnelles, leckeres Mittagessen. Zum Grillen eignen sie sich als pikante Saucen.*

Walnuss

Leider habe ich nur einen kleinen Garten, sonst würde ich dort bestimmt einen Walnussbaum pflanzen. Doch auch so habe ich in Hamburg keine Probleme, an die unreifen grünen Früchte oder die begehrten Walnusskerne zu kommen. Der ausladende Baum ist in etlichen Parks der Stadt anzutreffen und steht vor manch einer ländlichen Gaststätte im Stadtrandbereich.

Im Sommer lässt es sich unter der Krone eines Walnussbaumes sehr gut sitzen, denn seine Blätter sondern Stoffe ab, die lästige Insekten fernhalten. Diese Substanzen verhindern auch, dass andere Pflanzen unter dem Walnussbaum gut gedeihen.

Die reifen Nüsse schmecken genauso gut pur als gesunde Nascherei wie auch im süßen Gebäck oder als Bereicherung salziger Gerichte. Traditionell steht bei uns zu Hause in der Adventszeit immer eine Schale mit Nüssen auf dem Tisch, darunter auf jeden Fall auch Walnüsse.

Wer mit grünen Walnüssen etwas machen will, kann bei Rudyard Kipling nachlesen: Der englische Junge Kim wird in einem seiner Romane mit Walnüssen gefärbt, um als Inder durchzugehen. Auch Stoffe und andere Materialien kann man mit dem warmen, gelb-ockerfarbenen bis dunkelbraunen Farbton der Nüsse färben. Den köstlichen Walnusslikör bereitet man ebenfalls mit den grünen, noch unreifen Nüssen zu.   KH

Walnuss
Juglans regia

Der Walnussbaum hat unpaarig gefiederte, kräftig grüne, glänzende Blätter und eine graue, rissige Rinde. Er blüht unauffällig gelbgrünlich im April/Mai.

Bei uns in Norddeutschland braucht er eine geschützte Lage, um reich zu tragen.

Der Name deutet darauf hin, dass der Baum ursprünglich von den Welschen (den Fremden) eingeführt wurde.

Sammelzeit: grüne (unreife) Nüsse Mitte Juni bis Anfang Juli, (reife) Walnusskerne ab September.

Die reifen Nüsse müssen gut trocknen und auch trocken und luftig gelagert werden, um nicht zu schimmeln.

Walnuss-Sellerie-Backlinge

ZUTATEN (für 6 Personen):
- **100 g Hirse**
- **300 ml Gemüsebrühe**
- **100 g Zwiebeln**
- **1 kleine Sellerieknolle**
- **20 g Butter**
- **100 g Walnusskerne**
- **125 g Quark**
- **1 TL frisch geriebener Ingwer**
- **1 TL Curry**
- **1 EL Zitronensaft**
- **Cayennepfeffer, Salz**
- **3 Eier**
- **Butterschmalz oder Öl für das Backblech**

Tipp: *Ich reiche zu den Walnuss-Sellerie-Backlingen gerne gebackene Kartoffel- und Kürbisschnitze.*

ZUBEREITUNG:
- Hirse heiß waschen, in der Gemüsebrühe aufkochen und bei milder Hitze ca. 10 Min. weich kochen, danach ausquellen lassen;
- Zwiebel und Sellerie sehr fein hacken und in Butter leicht goldgelb braten bzw. bissfest garen;
- Walnüsse hacken und zur Gemüsemischung geben;
- Quark, Ingwer, Curry und Zitronensaft mit der Mischung verrühren;
- mit Cayennepfeffer und Salz abschmecken, dann die Eier hinzufügen und gründlich verrühren.

Während Bratlinge in der Pfanne zubereitet werden, wird der eher weiche Teig der Backlinge im Ofen gegart:
- Aus der Hirse-Sellerie-Walnuss-Mischung mit einem Esslöffel kleine Häufchen auf ein mit Backpapier ausgelegtes Backblech oder in eine flache gefettete Form setzen.

Apfel-Holunder-Kompott
- 3 Äpfel schälen, in kleine Stücke schneiden und mit ca. 100 g Holunderbeeren zu Kompott kochen;
- nach etwa 10 Min. im Ofen das Apfel-Holunder-Kompott auf die Laibchen geben und kleine Butterflöckchen obendrauf setzen;
- bei 180 °C noch etwa 10 Min. backen.

Natur am Rande der Stadt

Beinwell
Symphytum officinale

Beinwell ist eine ausdauernde krautige Pflanze mit einem dicken Wurzelstock. Seine großen rauhaarigen, spitzen Blätter sind sehr dekorativ, und er hat rosa- oder lilafarbige bis bläuliche Blüten, die nach und nach am Blütenstiel wachsen. Sammelzeit: ab Ende April

ℬBeinwell

Einer meiner Lieblingskurse in Botanik waren Ende der 80er Jahre die Rundgänge im Botanischen Garten mit Herrn Dr. Poppendieck (mit dem es hier im Buch auch ein Interview gibt). Da wurden interessante Fakten über Pflanzen erzählt und man lernte auch Dinge, die nicht im Bestimmungsbuch standen. Hinterher hatte ich das Gefühl, deutlich vertrauter mit den Gewächsen zu sein. Eine von diesen mittäglichen Exkursionen handelte auch vom Beinwell.

Wir wurden von Dr. Poppendieck aufgefordert, uns das hintere Ende der Blüten genauer anzusehen. Und siehe da, die meisten hatten ein 2–3 Millimeter großes Loch. Kurze Zeit später konnten wir auch die Verursacher des Loches beobachten: dicke Hummeln, die sich auf diesem direkten Weg den Nektar aus den Blüten

stahlen. Ihren Bestäuberpflichten kommen sie mit diesem Trick nicht nach, dafür müssten sie von vorn in die schmalen Blüten fliegen. Doch dafür sind sie viel zu dick! Der übliche Handel Nektar gegen Pollen findet nicht statt. – Die Hummeln tricksen den Beinwell einfach aus.

Seinen Namen hat der Beinwell von einer Anwendung als Heilkraut gegen Prellungen etc. Ein Umschlag mit den Blättern soll stumpfe Verletzungen schneller heilen lassen.

Beinwell ist eine Pflanze, die man an feuchten Wegrändern oder Wasserläufen findet.

Wer ihn im Garten kultivieren möchte, sollte dem Beinwell enge Grenzen setzten (z. B. ihn in einen großen Topf pflanzen), da er sich gerne ausbreitet. – So lautet die Empfehlung von Gärtnern.   LO

Beinwell-Bratlinge

ZUTATEN (für 4 Personen):

- 3–4 Frühlingszwiebeln
- 1 große Handvoll Beinwell
- 2 geraspelte Möhren
- 150 ml Milch
- 250 g Hafer, grob geschrotet
- 2 EL Olivenöl
- Salz
- Sojasauce
- ½ TL gemahlener Koriander
- 1 Msp. Kreuzkümmel
- 50 g Magerquark
- 1 Ei
- Öl zum Braten

ZUBEREITUNG:

- Klein gehackte Zwiebeln und Beinwell leicht in Öl andünsten;
- geraspelte Möhre, Milch und Quark zugeben;
- mit Salz, Kreuzkümmel, Koriander und Sojasauce abschmecken und mit dem Haferschrot mischen;
- Ei unterrühren, Bratlinge formen und mit Öl in der Pfanne braten.

Tipp: *Der Teig muss nicht so fest sein, dass er mit der Hand geformt werden kann. Er kann auch mit einem Esslöffel (wie beim Kartoffelpuffer) in die Pfanne gegeben werden.*

– *Die Bratlinge schmecken hervorragend zu einem Baumblätter- oder Wilden Linsensalat.*

– *Durch die Würze von Sojasauce, Kreuzkümmel und Koriander bekommen die Bratlinge eine leckere exotische Note.*

Schlehe

In Norddeutschland gehören Schlehen zu den typischen Sträuchern der Knicks. Als widerstandsfähige Vogelschutzgehölze werden sie in der Stadt auch in vielen Grünzügen gepflanzt. Schlehen breiten sich mit Ausläufern aus und bilden gerne undurchdringliche dornige Dickichte, die aus der Ferne schwarz erscheinen – daher der Name Schwarzdorn.

Die Schlehe blüht als einer der ersten heimischen Sträucher sehr zeitig im Frühling, lange bevor ihre Blätter erscheinen. Dann fällt die dichte weiße Blütenpracht besonders ins Auge. Ich merke mir auf Frühjahrsspaziergängen durch die Knicklandschaft die besten Stellen mit Schlehen, an denen ich später im Jahr die Früchte sammeln kann. In dicker langärmliger Kleidung – wegen der wirklich fiesen Dornen! – kehre ich dann im Herbst zur Schlehenernte zurück.

Die blau bereiften Kugeln sehen selbst im November und Dezember noch sehr appetitlich aus. Ernten kann man sie ab Oktober nach den ersten Frösten. Manchmal bin ich allerdings zu ungeduldig. Dann pflücke ich die Schlehen, sobald sie reif sind, und verpasse ihnen einige künstliche Frostnächte in meiner Gefriertruhe. Wer die Schlehen vor dem Frost probiert, findet schnell heraus, warum sie auf Plattdeutsch »Multregger« (Maulzieher) heißen. Sie hinterlassen durch ihren hohen Gerbstoffgehalt ein pelziges Gefühl auf der Zunge.   LO

Schlehe – Schlehdorn oder Schwarzdorn
Prunus spinosa

Schlehen sind bis zu 3 m hohe Sträucher, die auch ohne Blätter an ihren dornspitzigen Kurztrieben zu erkennen sind.
Die Schlehe entwickelt vor dem Laubaustrieb kleine schneeweiße Blüten.
Sammelzeit: Die schwarzblau bereiften Früchte reifen im September und Oktober. Sie sind sehr herb und erst nach Frosteinwirkung genießbar.

Oporto

ZUTATEN (für 6–8 Personen):
- 1 kg Schlehen
- 1 l Wasser
- 250 g Rohrzucker (oder mehr, nach Geschmack)
- Apfelsaft
- evtl. Branntwein

ZUBEREITUNG:
- Früchte mit kochendem Wasser übergießen und über Nacht stehen lassen;
- Früchte anschließend in diesem Wasser mit Zucker aufkochen und durch die Flotte Lotte geben oder durch ein feines Tuch pressen;
- 3 Teile Schlehensaft, 2 Teile Apfelsaft und evtl. 1 Teil Branntwein (norddt. z. B. Korn) gut mischen und heiß servieren.

Tipp: *Der Oporto war bei den Matrosen ein beliebtes Getränk. Er schmeckt aber auch gut an Land. Und selbstverständlich kann man den heißen Schlehentrunk auch ohne Alkohol genießen.*

Die Zubereitung eines WILDFRUCHTLIKÖRS mit der Schlehe ist denkbar einfach: s. Kornelkirsche (S. 47).

Nach genau diesem Muster, also mit den ganzen Früchten, lässt sich auch ganz leicht ein kräftig herber WILDFRUCHTESSIG herstellen (s. Brombeere, S. 36).

Um das Fruchtmark der Schlehen zu SAUCEN, KONFITÜREN und CHUTNEYS verarbeiten zu können, ist mal wieder die Flotte Lotte nützlich. Dazu wäscht man die Früchte, kocht sie auf und passiert sie durch ein mittelfeines Sieb der Passiermühle. Das Schlehenmark kann in verschiedenen Rezepten weiterverwendet werden (s. S. 77 und 80).

Wem diese Zubereitungsart zu viele Gerbstoffe im SCHLEHENMARK übrig lässt, kocht sie im Ganzen auf und lässt sie über Nacht im Kochwasser stehen. Am folgenden Morgen muss man die Früchte abermals aufkochen, danach kann man sie in einem Sieb ausdrücken und den gewonnenen Saft weiterverwenden.

Sauerampfer

Als Kind habe ich die Blätter des Sauerampfers im Frühling am liebsten direkt von der Wiese genascht. Schnell hatte ich raus, dass ich zwischen Gras und Blumen nach pfeilförmigen Blättern Ausschau halten muss, um in den Genuss des frisch-säuerlichen Aromas zu kommen.

Der Geschmack rührt wie beim Rhabarber und Sauerklee von der Oxalsäure her – die in großer Menge genossen zu Verdauungsbeschwerden führen kann. Hier ist also etwas Vorsicht geboten.

Heute nutze ich die zarten Blätter des Sauerampfers für verschiedene Rezepte. Er hält sein Aroma auch nach dem Kochen, so dass man ihn sowohl in frischen Salaten als auch in Suppen verwenden kann.

Wenn der Sauerampfer seine rötlichen, unauffälligen Blüten gen Himmel schiebt, ist der Sommer nicht mehr fern. Eine Wiese, auf der viel Sauerampfer wächst, erscheint wie ein rotes Meer, das sich im Wind bewegt.

KH

Sauerampfer
Rumex acetosa

Der Sauerampfer gehört zur gleichen Gattung wie der Rhabarber.

Er wächst auf gedüngten, nicht zu trockenen Wiesen und Weiden. In der Stadt kommt er auch in Grünanlagen und auf Brachflächen vor. Er ist leicht an den pfeilförmigen Blättern mit ihrem charakteristisch säuerlichen Geschmack erkennbar.

Die einzelnen grün-rötlichen Blüten im Juni und Juli sind unscheinbar, eine Wiese voller Sauerampfer wirkt dagegen wie rot überhaucht.

Sammelzeit: Blätter von April bis Juni

Sauerampfer-Schaumsüppchen

ZUTATEN (für 4 Personen):

- mind. 100 g Sauerampfer (gerne mehr, evtl. mit Giersch ergänzen)
- 1 Zwiebel
- 1 EL Butter (ca. 30 g)
- 2 EL Mehl (ca. 40 g)
- 1 TL Salz
- ½ TL Pfeffer
- ½ TL Rohrzucker
- 1 l Gemüsebrühe (oder Salzwasser)
- 200 g Sahne
- gemischte Wildkräuter (auch Sauerampfer)

Verwendete Wildkräuter:
Sauerampfer, evtl. Giersch

Das frisch und leicht säuerlich schmeckende Sauerampfer-Schaumsüppchen ist eine wunderbar leichte Frühlingssuppe!

ZUBEREITUNG:

- Sauerampfer in 1 l Salzwasser oder Gemüsebrühe andämpfen (etwas frischen Sauerampfer zum Garnieren übrig lassen), im Durchschlag abtropfen lassen (Kochwasser aufbewahren!);
- abgetropften Sauerampfer fein hacken;
- Zwiebel fein hacken und in heißer Butter anbraten (nicht braun werden lassen!);
- Mehl zufügen und kurz anschwitzen;
- Sauerampfer-Kochwasser 100 g Sahne zufügen, mit Gewürzen abschmecken und aufkochen lassen;
- danach zugedeckt ca. 10 Min. köcheln lassen;
- den größten Teil des fein gehackten Sauerampfers in die Suppe geben;
- kurz vor dem Anrichten der Suppe den zweiten Teil der Sahne steif schlagen und vorsichtig einrühren;
- mit frischen, fein gehackten Wildkräutern (und dem letzten Teil des Sauerampfers) garnieren und sofort servieren.

SCHLEM-MER-MEILE

Brunch

Zu einem Brunch gehören leichte Köstlichkeiten, mit denen man den Tag beginnen lassen kann, und Sättigendes, das ein Mittagessen ersetzt:
Wilde Smoothies oder Lassis machen Appetit auf Salate oder eine Wilde Linsensuppe. Konfitüren und Muse in vielen Variationen sind der Geschmack des Sommers.
Salzige Aufstriche oder ein kräftiger Käse schmecken gut auf dem Wildkräuterbrot.
Ein Herbstchutney auf Briekäse oder eine Süßspeise runden das Essen ab.

Grüner Smoothie

Smoothies sind beliebt, und Rezepte findet man mittlerweile überall. In dieser Vielfalt half mir Melissa auf der Suche nach einem praxistauglichen – einem einfach herzustellenden und gleichzeitig wohlschmeckenden – Kräutertrunk. Melissa ist eine junge, schon lange vegan lebende Bekannte. Von ihr stammt das folgende Rezept.   KH

ZUTATEN (für 2 Portionen):
- 1 Banane
- 2 Handvoll Kräuter – Giersch, Brennnessel, Zitronenmelisse, Pimpernelle, Minze, Vogelmiere, Sauerampfer; wenig Löwenzahn
- etwas Salz
- ½ l Apfelsaft
- etwas natives kalt gepresstes Pflanzenöl, z. B. Sonnenblumenöl oder Haselnussöl
- evtl. etwas Rohrzucker (oder nicht vegan: Honig)
- evtl. etwas Zitronensaft

ZUBEREITUNG:
- Banane in Stücke schneiden;
- junge Blätter und Triebe der Kräuter waschen, evtl. grob vorhacken und zu der Banane geben;
- Kräuter-Bananen-Mischung mit dem Apfelsaft und dem Öl übergießen und mit dem Pürierstab bzw. dem Mixer zu einer homogenen sämigen Flüssigkeit zerkleinern;
- etwas Salz zufügen;
- mit Zucker (oder Honig) und Zitronensaft abschmecken.

Verwendete Wildkräuter:
Giersch, Brennnessel, Zitronenmelisse, Pimpernelle, Minze, Vogelmiere, Sauerampfer, Löwenzahn

Dieser Smoothie hat eine quietschgrüne Farbe und erinnert im Aussehen an den verwässerten Spinat aus Kindheitstagen. Sein Geschmack aber ist rund, je nach verwendeter Kräutermischung mild, herb-frisch bis leicht säuerlich – ein idealer Powerdrink als Starter beim Brunch (und genauso geeignet zum Start in den Alltag).

Auf der Basis des Grundrezeptes sind der Kreativität und Experimentierfreude keine Grenzen gesetzt.

Uns hat momentan das Smoothie-Fieber gepackt, und wir kreieren ständig neue Kombinationen.

Tipps: *Um einen Smoothie sanft und sämig zu bekommen, eignen sich Bananen. Wem der süße Bananengeschmack nicht liegt, kann sie ganz oder teilweise durch Mandelmilch plus Mandelmus oder Hafermilch plus Hafer-Schmelzflocken oder Kokosmilch ersetzen. Bei der Variante mit den Schmelzflocken kommen die Kräuter am besten zur Geltung, die Mandeln verleihen dem Smoothie ein zusätzliches feines Marzipanaroma, und die Kokosnuss gibt dem Getränk eine exotisch-tropische Note.*

Tipps: *Ein Schuss Pflanzenöl sorgt für die Verwertbarkeit der vielen fettlöslichen Vitamine. Und Gewürze kann man natürlich ganz nach Belieben einsetzen: Wie wär's zum Beispiel mit Ingwer und Limettensaft? Gurke, ein wenig Dill und Kurkuma, Curry oder Pfeffer?*

Wildkräuter-Vollkornbrot

Dieses kräftige Brot ist eine gute Grundlage für eine Blütenbutter oder einen Brie mit Herbstchutney.

ZUTATEN:

- 1000 g Weizen-Vollkornmehl (nicht ganz fein gemahlen)
- 150 g Haferflocken
- ca. 750 ml handwarmes Wasser
- 2 Würfel Frischhefe
- 1 EL Honig
- 2 TL Salz
- 2 Handvoll Kräuter – einzeln oder beliebig gemischt, z. B. Giersch, Knoblauchsrauke, Beinwell, Vogelmiere, Bärlauch, Sauerampfer

Verwendete Wildkräuter:
Giersch, Knoblauchsrauke, Beinwell, Vogelmiere, Bärlauch, Sauerampfer, Löwenzahn

Tipp: *Das Weizen-Hefebrot schmeckt am besten frisch. Verwenden Sie ruhig Kräuter mit kräftigem Aroma.*

ZUBEREITUNG:

- Mehl in eine Schüssel geben und in die Mitte eine Kuhle drücken;
- aus klein gebrochener Hefe, Honig, ca. 250 ml Wasser und etwas Mehl in der Kuhle einen Vorteig herstellen;
- Vorteig gehen lassen, bis er Blasen wirft;
- Kräuter sehr fein hacken, alle Zutaten zu einem Teig vermengen und gründlich durchkneten;
- Teig an einem warmen Ort mindestens 30 Min. gehen lassen, bis sich das Volumen deutlich vergrößert hat;
- Brotlaib formen, mit Mehl bestäuben und mehrmals mit dem Messer einschneiden;
- Brot auf einem Blech ca. 15 Min. gehen lassen;
- bei 200 °C ca. 45 Min. auf mittlerer Schiene backen – es ist fertig, wenn es beim Klopfen mit einem Messerrücken hohl klingt.

Blütenbutter

(mehr zur Butter siehe Seite 21)

Tipp: *Mit klein gehackten Blüten von Ringelblume, Löwenzahn etc. statt des Bärlauchs macht man aus der Bärenbutter eine Blütenbutter!*

Wildkräuter-Linsen-Suppe

ZUTATEN (für 6–8 Personen):
- 250 g gelbe geschälte Linsen – etwa 30 Min. vor Gebrauch einweichen
- 2 TL Olivenöl
- 2 mittelgroße Zwiebeln, klein gehackt
- 1 gr. Handvoll Wildkräuter klein gehackt – Knoblauchsrauke, Brennnessel, Giersch, Bärlauch etc.
- 1 TL gemahlener Kreuzkümmel (Cumin)
- ½ TL Pfeffer
- 1 Prise Zucker
- 1 TL abgeriebene Schale einer unbehandelten Zitrone,
- 1 Spritzer Zitronensaft
- 2 l Gemüsebrühe

Verwendete Wildkräuter:
Knoblauchsrauke, Brennnessel, Giersch, Bärlauch

ZUBEREITUNG:
- Klein gehackte Zwiebel in dem Olivenöl in einem Topf anschwitzen;
- abgetropfte Linsen zugeben und mit Gemüsebrühe ablöschen. 5–10 Min. bei schwacher Hitze köcheln lassen (Linsen probieren, ob sie weich werden);
- kurz vor dem Servieren die Suppe mit den Wildkräutern noch einmal sehr kurz aufkochen lassen;
- mit Cumin, Pfeffer und Salz abschmecken.

Diese wärmende Linsensuppe hat durch den Kreuzkümmel und die Kräuter einen exotischen Touch. Die gelben Linsen sorgen dabei für einen freundlichen Farbkontrast zu den grünen Kräutern.

Wildfruchtiger Herbstsalat mit Nüssen

ZUTATEN (für 4 Personen):

- 1 milder Blattsalat der Saison oder eine entsprechende Menge Feldsalat
- 1–2 Handvoll Brombeeren
- 1–2 Birnen
- 1 Handvoll feste Hagebutten
- evtl. 1 kleine Handvoll Vogelbeeren (vorher probieren, siehe S. 54)
- 50 g Walnuss- oder Haselnusskerne

Vinaigrette:
- 4 EL Wildfruchtessig
- 4 EL frisch gepresster Orangensaft
- 1 EL süßer Senf
- 5 EL kalt gepresstes (Walnuss- oder Haselnuss-)Öl
- Salz und frisch gemahlener Pfeffer

Verwendete Wildfrüchte:
*Brombeeren, Hagebutten, Vogel-
beeren, Wal- oder Haselnüsse*

ZUBEREITUNG:

- Brombeeren waschen und vorsichtig abtrocknen;
- Hagebutten mit noch festem Frucht-fleisch zerteilen und von Kernen und Haaren befreien (das geht vor dem Waschen am besten, da sonst die feuchten Haare schwer zu entfernen sind, s. S. 41);
- Birnen je nach Aussehen der Schale nur waschen und entkernen oder ggf. schälen;
- anschließend Salatblätter und Früchte in einer Salatschüssel anrichten;
- Walnuss- oder Haselnusskerne grob hacken und ohne Fett in der Pfanne anrösten;
- Zutaten der Vinaigrette miteinander verschlagen und kurz vor dem Anrich-ten über die Salatmischung geben;
- zum Schluss die Nüsse über den Salat streuen.

Waldmeister-Orangen-Creme mit Baisertupfen

ZUTATEN (für 4 Personen):

- 400 ml Orangensaft
- 1 Zitrone – unbehandelt, weil auch noch ca. 5 cm Schale gebraucht werden
- 1 P Puddingpulver (Vanille)
- Rohrzucker nach Geschmack
- 2 Eiweiß, etwas Puderzucker
- 6 Stängel Waldmeister (getrocknet oder angewelkt)

Verwendete Wildkräuter:
Waldmeister

Diese Creme ist eine leckere Frühlingssüßspeise, deren leuchtend orange Farbe zusammen mit den weißen Baisers Lust auf einen Spaziergang in den Wald macht – um noch mehr Waldmeister zu sammeln.

ZUBEREITUNG:

- 400 ml Orangensaft über Nacht mit etwas getrocknetem oder angewelktem Waldmeister stehen lassen. Vor der weiteren Zubereitung Waldmeister entfernen;
- Saft einer Zitrone zufügen. Unmittelbar vor dem Kochen ca. 5 cm Zitronenschale zugeben;
- ca. ¾ dieser Mischung – mit dem Stück Schale – zum Kochen bringen. Mit dem Rest das Puddingpulver anrühren. Wenn es kocht, das angerührte Puddingpulver unter weiterem Rühren zugeben. Wenn die Mischung andickt, Herd ausstellen und Topf wegrücken. Die Zitronenschale herausfischen und Zucker nach Geschmack zugeben. (Achtung, die Baisers sind auch noch süß!);
- in kleine Puddingschälchen füllen, abkühlen lassen;
- Eiweiß mit einer Prise Salz schlagen. Wenn es anfängt, steif zu werden, Puderzucker zugeben und weiterschlagen, bis es sehr steif ist. Mit der Spritztüte Minitropfen auf ein mit Backpapier ausgelegtes Blech tun und im Ofen bei ca. 120 °C trocknen;
- Baisertupfen erst unmittelbar vor dem Servieren draufstreuen (werden sonst pappig).

73

Bärlauch-Mandelmus auf Ziegenkäsetalern

(siehe Seite 22)

Zarte Ziegenkäsetaler mit aromatischen Tomaten und grünem Mandelmus ergänzen sich geschmacklich gut und sind auf dem Brunchbuffet hübsch anzusehen.

Wildfrucht-Lassi

ZUTATEN (für 4 Personen):
- 500 g Naturjoghurt
- ¼ l Eiswasser
- 200 g Fruchtmus aus Kornelkirsche, Brombeeren, Himbeeren, Blaubeeren u. a.
- Rohrzucker nach Geschmack
- zerstoßenes Eis

Verwendete Wildfrüchte:
Kornelkirschen, Brombeeren, Wildpflaumen, Blaubeeren, etc.

ZUBEREITUNG:
- Wildfrüchte mit wenig Wasser weich kochen, durch die Flotte Lotte passieren und abkühlen lassen;
- kernlose oder weichere Früchte, z. B. Brombeeren, können auch roh verwendet werden und müssen nur püriert werden;
- Joghurt, Eiswasser und Fruchtmus so lange im Mixer verrühren, bis die Oberfläche schaumig wird;
- zerstoßenes Eis dazugeben und sofort servieren.

Ein Lassi ist ein Joghurtgetränk aus der indischen Küche, das es in einer salzigen und süßen Variante gibt. Der berühmteste ist wohl der Mango-Lassi. Aber auch mit Kräutern oder anderen Früchten sind sie sehr erfrischend. Die Lassis sollten unbedingt unmittelbar vor dem Verzehr frisch zubereitet werden.

Brombeermichel

ZUTATEN (für 4–6 Personen):

- 6 alte Brötchen
- ½ l Milch
- 150 g Butter
- 100 g Rohrzucker
- 1 Prise Salz
- 2 Eier – getrennt
- ½ Zitrone – abgeriebene Schale und Saft
- 1 Msp. Zimt
- 50 g gehackte Mandeln
- 750 g Brombeeren – oder andere Früchte, z. B. Wildpflaumen oder Sauerkirschen
- Semmelbrösel
- 50 g Mandelblättchen
- etwas Butter

Verwendete Wildfrüchte:
Brombeeren

Tipp: *Statt der Brombeeren können auch gut andere Früchte verwendet werden. Am besten eignen sich kräftig oder säuerlich schmeckende wie Wildpflaumen, Zwetschen oder Sauerkirschen. Je nach Säuregehalt der Früchte kann der Zitronensaft weggelassen werden.*

ZUBEREITUNG:

- Brötchen würfeln und in der Milch einweichen;
- 100 g Butter, Zucker, Eigelb und Zitronenschale schaumig rühren. Brötchenstücke unter die Butter-Ei-Masse heben;
- Zitronensaft und Zimt mit Brombeeren oder anderen Früchten mischen;
- Eiweiß mit Salz sehr steif schlagen. Eischnee und Mandeln unter die Brötchenmasse heben;
- Auflaufform einfetten, erst die Früchte einfüllen, darauf die Brötchenmasse. Mit Semmelbröseln und Mandelblättchen bestreuen;
- 50 g Butter als Flöckchen darauf verteilen;
- im Ofen bei 175–200 °C 30–45 Min. auf der mittleren Schiene backen.

Der Fruchtmichel schmeckt am besten heiß, frisch aus dem Ofen; Reste können aber gut auch kalt gegessen werden. Er ist auch ein Tipp für einen Nachtisch am Anfang einer Woche, um die hart gewordenen Sonntagsbrötchen zu verarbeiten.

Bunter Rübchen-Salat

ZUTATEN (für 4 Personen):
- 250 g kleine Rote Bete
- 250 g gelbe Rübchen oder Mohrrüben
- 250 g grüne und gelbe Zucchini
- 150 g Brombeeren
- 6 EL natives Sonnenblumenöl
- Saft von 1–2 Limetten
- 2 EL Kürbiskern- oder Nussöl
- 2 EL Fruchtessig
- Salz
- Rohrzucker oder Honig
- 1 Handvoll Blüten der Saison – (z. B. im Spätsommer: Cosmeen, Taglilien, Löwenmaul, Borretsch, Ringelblume, Dahlien)

Verwendete Wildfrüchte:
Brombeeren

Dies ist ein Salat, in dem die Farben des Spätsommers in die des Herbstes übergehen. Die Zucchini repräsentieren den Sommeraspekt, die Rübchen den Herbst.

ZUBEREITUNG:
- Rote Bete waschen und mit Schale ca. 45 Min. in wenig Wasser garen. Herausnehmen, pellen und in kleine Stückchen schneiden. Mit Fruchtessig, etwas Limettensaft und Kürbiskernöl marinieren;
- gelbe Rübchen oder Mohrrüben schälen und in ca. 2–3 cm lange Stücke schneiden. In einem Topf mit Öl, Salz und etwas Zucker anschwitzen. Mit etwas Wasser ablöschen und in ca. 5 Min. bissfest garen;
- Zucchini ähnlich wie die Möhren klein schneiden. Ebenfalls mit Fruchtessig, etwas Limettensaft, Zucker oder Honig und dem Kürbiskernöl marinieren.
- Brombeeren vorsichtig in Wasser säubern;
- Rote Bete, gelbe Rübchen bzw. Mohrrüben, Zucchini, Brombeeren vorsichtig mischen/schichten, möglichst ohne zu rühren. Mit einer Vinaigrette aus Limettensaft, Honig, Öl und Salz übergießen (Reste der Marinaden verwenden) und abschmecken;
- mit Blüten dekoriert anrichten.

Dunkles Herbst-Chutney

ZUTATEN (für ca. 2 Liter):

- 500 g abgestreifte Holunderbeeren
- 500 g gemischte Wildfrüchte – z. B. Brombeere, Schlehe, Kornelkirsche, Hagebutte
- 1/8 l Fruchtsaft – Apfel, Traube
- 500 g geviertelte Zwiebeln
- 500 g geschälte Äpfel / Birnen in Spalten
- 500 g entsteinte Wildpflaumen / Zwetschen
- 400 g geschälte Sellerieknolle in Stiften
- 130 ml milder Essig – z. B. weißer od. roter Balsamico
- ca. 500 g Rohrzucker
- 1 Stück frischer Ingwer (2 cm)
- 1 frische oder getrocknete rote Chilischote
- 3 Gewürznelken
- Salz

ZUBEREITUNG:

- Holunderbeeren und andere Wildfrüchte in wenig Fruchtsaft weich köcheln lassen. Anschließend durch ein feines Sieb streichen oder durch die Flotte Lotte passieren;
- Früchtemus in einem mittelgroßen Topf mit Zwiebeln, Äpfeln bzw. Birnen, (Wild-)Pflaumen bzw. Zwetschen, Sellerie, Essig, Wein und Zucker aufkochen;
- Ingwer schälen und fein hacken. Chilischote (evtl. mit Handschuhen) ebenfalls sehr fein hacken;
- Ingwer, Chili, Nelken mit in den Topf geben und etwa 90 Min. ohne Deckel auf kleiner Flamme köcheln lassen, bis die Flüssigkeit fast verdampft ist. Ab und zu umrühren;
- mit Salz abschmecken;
- sofort in saubere Gläser füllen, verschließen und kopfüber abkühlen lassen.

Verwendete Wildfrüchte:
Holunderbeeren, Brombeeren, Hagebutten, Kornelkirschen, Schlehen.

Wann auch immer ich jemand vorschwärme, was für interessante Chutneyrezepte es gibt, folgt fast immer die Frage, wozu man die Chutneys denn essen solle – wenn man gar nicht oft indisch kocht. Meine Antwort ist dann: Ausprobieren – wenn man erst einmal auf den Geschmack gekommen ist, kann man die Chutneys vielseitig verwenden, z. B. ganz schlicht als würzige, fruchtige, leicht scharfe Sauce auf mildem Käse. Aber der Möglichkeiten gibt es viele! KH

Süße Fruchtaufstriche

Wenn man draußen im Knick steht und Schlehen oder Hagebutten pflückt, wird man ungewöhnlich oft gefragt, wozu man die Ernte verarbeitet. Likör oder Tee? Das Erstaunen ist groß, wenn es darüber hinausgeht.

Für den Brunch kommt hier eine kleine Auswahl von Lieblingsfruchtaufstrichen, die wir besonders gern mögen. Dem Geschmack und der Fantasie sind natürlich auch in Sachen süßer Brotaufstrich keine Grenzen gesetzt.

Dass man die Konfitüren, Marmeladen und Muse nicht nur für den Brunch verwendet, versteht sich von selbst. Aber gerade dann ist es ein klarer Vorteil, wenn man nur in das Regal der Vorratskammer zu greifen braucht – und dort die köstlichen Erinnerungen an den letzten Sommer stehen.

Tipp: *Ein Sortiment aus drei verschiedenen süßen Aufstrichen mit frischen Brötchen ist eine gute Brunch-Basisausstattung.*

Die Zubereitung von Konfitüren, Marmeladen und Musen ist sehr einfach und geht schnell – sofern die Früchte fertig vorbereitet sind.

Als Gelierzucker verwende ich meistens den Typ 2:1 – 2 Teile Fruchtzubereitung, 1 Teil Zucker –, es sei denn, es handelt sich um Früchte mit ausgeprägter Säure, die ich nicht mit anderen, milderen Früchten abpuffern möchte. KH

Hinweis: *Die Mengenangabe der Früchte bezieht sich immer auf die fertig vorbereiteten Früchte oder das passierte Fruchtmark.*

ZUBEREITUNG von KONFITÜREN und MUSEN:
- Zutaten – Früchte, Gelierzucker, Gewürze und Kräuter – gut durchmischen, zusammen aufkochen;
- mindestens 4 Min. sprudelnd unter ständigem Rühren kochen lassen;
- Gelierprobe machen, d. h. einen Teelöffel Konfitüre auf eine Untertasse geben: Wenn diese beim Abkühlen fest wird, hat die Konfitürenmischung lange genug gekocht. Bleibt sie flüssig, muss sie einige weitere Minuten kochen;
- sofort in saubere Twist-off-Gläser füllen, verschließen und auf dem Deckel stehend abkühlen lassen.

Brombeer-Himbeer-Konfitüre

ZUTATEN:
- 500 g Brombeeren
- 500 g Himbeeren
- 500 g Gelierzucker 2:1
- 2 Triebe Pfefferminze – Blättchen fein hacken

VORBEREITUNG der FRÜCHTE:
- Brombeeren vorsichtig waschen und Himbeeren säubern

Tipp: *Da Brombeeren in der Regel sehr viel später als Himbeeren reifen, kann man sehr gut auf eingefrorene Himbeeren zurückgreifen.*

Kornelkirschen-Mus

(siehe Seite 47)

Das Kornelkirschen-Mus ist mit seinem säuerlich-frischen Geschmack genau richtig auf leichtem Weiß- oder herzhaftem Körnerbrot. Versuchen Sie sie auch gern einmal auf Frischkäse oder Brie. Das Gläschen mit dem Kornelkirschen-Mus ist durch seine intensiv krapprote Farbe ein Hinkucker auf jeder Tafel.

Hagebutten-Marmelade

(siehe Seite 42)

Der Fruchtgeschmack der Hagebutten, das Zitrusaroma des Orangensaftes und die exotische Schärfe des Ingwers ergänzen sich gegenseitig ideal.

Apfel-Schlehen-Mus mit Brombeeren

ZUTATEN:
- 500 g Apfelkompott
- 375 g Schlehen
- 125 g Brombeeren
- 500 g Gelierzucker 2:1
- ½ TL Zimt
- gemahlenes Kardamom, Nelkenpulver

Verwendete Wildfrüchte:
Schlehen, Brombeeren

VORBEREITUNG der FRÜCHTE:
- Äpfel schälen, Kerngehäuse entfernen, in kleine Stückchen schneiden, mit etwas Wasser weich kochen;
- Schlehen mit etwas Wasser weich kochen und durch die Flotte Lotte passieren.

Vogelbeer-Konfitüre mit Äpfeln und Birnen

ZUTATEN:
- 375 g Äpfel
- 375 g Birnen
- 250 g Vogelbeeren
- ⅛ l Wasser
- 1 kg Gelierzucker 2:1
- evtl. etwas Zimt

Verwendete Wildfrüchte:
Vogelbeeren

Tipp: *Wem die Vogelbeeren zu bitter-herb sind, kann weniger Vogelbeeren nehmen und das Frucht-Mengenver-hältnis zugunsten der süß-milden Birnen verändern.*

VORBEREITUNG der FRÜCHTE:
- Äpfel und Birnen schälen, Kerngehäuse entfernen und in kleine Stückchen schnei-den, mit etwas Wasser weich kochen;
- Vogelbeeren waschen;
- Brombeeren vorsichtig waschen.

Wildpflaumen-Mus mit Bananen

ZUTATEN:
- 750 g Wildpflaumenmus
- 250 g Bananen
- 500 g Gelierzucker 2:1

Verwendete Wildfrüchte:
Wildpflaumen

Die süßlich milden Bananen ergänzen hervorragend das herb-säuerliche Fruchtaroma der Wildpflaumen.

VORBEREITUNG der FRÜCHTE:
- Wildpflaumen mit etwas Wasser weich kochen und durch die Flotte Lotte passieren.

„Gartenglück"

(Wildpflaumen-Mus mit Bananen)

Kostprobe: Unfreiwillige

- 750g Wildpflaumenmus
- 250g Bananen
- 500g Gelierzucker 1:2

Vorbereitung der Früchte
- Wildpflaumen mit etwas Wasser weich kochen u. durch die Flotte Lotte passieren
- Bananen in kleine Stückchen schneiden

⇒ Die süßlich-milden Bananen ergänzen hervorragend das herb-säuerliche Frucht-Aroma der Wildpflaumen.

81

Drei-Gänge-Menü

Unsere beiden Menüs bestehen aus jeweils drei Gängen – Salat oder Suppe, sättigendes Hauptgericht sowie einem süßen Nachtisch – und sind auf die Jahreszeiten Frühling und Herbst abgestimmt.

FRÜHLING

1. Gang: *Baumblättersalat*

2. Gang: *Beinwell-Bratlinge mit Cardaminen-Käsecreme*

3. Gang: *Waldmeister-Quarkpudding mit Rhabarbersauce*

---

1. Gang: *Baumblättersalat*

Jedes Menü sollte einen Salat als leichten, appetitanregenden Starter beinhalten. Dieser ist ungewöhnlich und nur dann zu servieren, wenn frisch ausgetriebene Blätter zur Verfügung stehen.

(siehe hierzu weiter S. 39)

2. Gang: Beinwell-Bratlinge mit Cardaminen-Käsecreme

Die würzigen Beinwell-Bratlinge sind für ein Hauptgericht eine gute Alternative zu Fleisch. Zu der Bratling-Mischung aus Beinwell, Möhren und Frühlingszwiebeln in Kombination mit den exotischen Gewürzen passen gut leichtes Frühlingsgemüse aus Möhren, Erbsen und Frühlingszwiebeln sowie gebackene Kartoffelspalten.
Als pikanter Dip harmoniert hervorragend die Cardaminen-Käsecreme.

(siehe hierzu weiter S. 61 und 24)

Beilage: Frühlingsgemüse

ZUTATEN
(für 4 Personen):
- 6 Möhren
- 2 Handvoll Erbsen
- 1 Bund Frühlingszwiebeln
- etwas Butter
- 1 TL Honig
- Salz, Pfeffer
- etwas Petersilie

ZUBEREITUNG:
- Möhren putzen und in dünne Scheibchen schneiden;
- Frühlingszwiebeln waschen und in dünne Röllchen schneiden;
- Butter in einem Topf schmelzen lassen und die Möhren mit den Frühlingszwiebeln darin andünsten;
- mit wenig Wasser aufgießen, Erbsen zugeben; Honig, Salz und Pfeffer zufügen; schonend garen – die Möhren sollten gerade weich sein;
- mit etwas gehackter Petersilie anrichten.

Beilage: Gebackene Kartoffelspalten

ZUTATEN
(für 4 Personen):
- 10 mittelgroße Kartoffeln
- Olivenöl
- Salz, Pfeffer

ZUBEREITUNG:
- Kartoffeln gründlich säubern, mit Schale in Spalten schneiden;
- die Kartoffelspalten mit Olivenöl bestreichen, auf ein Backblech legen und mit Salz und Pfeffer zurückhaltend würzen;
- im Ofen goldgelb backen – mit einer Gabel prüfen, ob die Spalten gar sind.

3. Gang: Waldmeister-Quarkpudding mit Rhabarbersauce

Waldmeister-Quarkpudding

ZUTATEN (für 4 Personen):
- 10 Stängel Waldmeister – getrocknet
- ca. 5 EL Milch
- 75 g Butter
- 125 g Rohrzucker
- 1 Prise Salz
- 4 Eigelb
- 500 g Quark
- 100 g Dinkel-Vollkorngrieß
- 50 g gehackte Mandeln
- 4 Eiweiß

Verwendete Wildkräuter:
Waldmeister

ZUBEREITUNG:
- Waldmeisterstängel über Nacht in Milch einlegen;
- am nächsten Morgen Waldmeister entfernen;
- Butter mit Zucker, Salz und Eigelben schaumig rühren;
- Quark, Grieß, mit Waldmeister aromatisierte Milch und gehackte Mandeln zufügen und gut verrühren;
- Eiweiß steif schlagen und vorsichtig unter die Masse heben;
- Teigmasse in eine gut gefettete und ausgebröselte Puddingform (mit Deckel) füllen;
- im Wasserbad ankochen und 60 Min. auf kleinster Stufe garen, danach 15 Min. auf ausgeschalteter Platte stehen lassen.

Rhabarbersauce

ZUTATEN (für 4 Personen):
- 5 Stangen Rhabarber
- 30 g Stärke
- 100 g Rohrzucker – oder mehr nach Geschmack

ZUBEREITUNG:
- Die Rhabarberstangen waschen und klein schneiden; mit Zucker und Wasser kochen, bis die Rhabarberstücke zerfallen; Stärke mit etwas Wasser / Apfelsaft anrühren und in die kochende Rhabarbermischung geben, einmal aufkochen und dann abkühlen lassen.

HERBST

1. Gang: Wildes Pflaumensüppchen mit Petersilienwurzeln

2. Gang: Walnuss-Sellerie-Backlinge

3. Gang: Kornelsauce auf Basilikumcreme

1. Gang: Wildes Pflaumensüppchen mit Petersilienwurzeln

ZUTATEN
(für 4 Personen):

- 150 g Wildpflaumen-mus – aus 100 ml Wasser und ca. 250 g Wildpflaumen
- 300 g Petersilien-wurzel
- 2 Schalotten bzw. Zwiebeln
- 2 Stängel Stauden-sellerie
- 5 EL Butter
- 500 ml Gemüsebrühe
- 250 ml Sahne
- Muskatblüte
- Salz, Pfeffer

Verwendete
  Wildfrüchte:
  Wildpflaumen

ZUBEREITUNG:

- Für das Wildpflaumenmus die Wildpflaumen mit dem Wasser kochen, bis die Früchte weich sind. Durch die Flotte Lotte geben und entsteinen;
- Petersilienwurzeln waschen, putzen und würfeln. Schalotten bzw. Zwiebeln abziehen und fein würfeln. Sellerie waschen und in Stücke schneiden;
- Butter zerlassen und das Gemüse darin andünsten. Mit Gemüsebrühe aufgießen, das Wildpflaumen-mus dazugeben und ca. 15 Min. bei schwacher Hitze köcheln;
- Suppe pürieren und bei Bedarf durch ein Sieb geben;
- Sahne schlagen und unter die Suppe ziehen. Mit den Gewürzen abschmecken;
- nochmals kurz erwärmen, aber nicht mehr kochen.

2. Gang:
Walnuss-Sellerie-Backlinge

(siehe S. 57)

In diesen Backlingen und dem Kompott sind Früchte aus dem Garten, der
Obstwiese und dem Park miteinander
verarbeitet. Diese Walnuss-Sellerie-
Backlinge schmecken herzhaft nussig
und machen richtig schön satt. Bei
uns in der Familie haben sie seit Jahren einen festen Platz als herbstlich-
winterliches Hauptgericht.

Wer noch gerne eine leichte »Frischkostbeilage« zu den Backlingen möchte,
dem empfehle ich den Wildfruchtigen Herbstsalat (s. **Brunch S. 72**). Mir
schmecken zu den kernig-kräftigen Walnuss-Sellerie-Backlingen besonders
gut geröstete Hokkaido-»Pommes« ...   KH

Hokkaido-»Pommes«

ZUTATEN (für 4 Personen):
- 1 kleiner Hokkaido-Kürbis
- etwas Öl
- Salz, Pfeffer

ZUBEREITUNG:
- Stiel- und Blütenansatz des Hokkaido-
  Kürbisses abschneiden;
- faserige Kernmasse im Inneren entfernen
  und das äußere Fruchtfleisch in
  2 cm breite Spalten schneiden;
- mit Öl bestreichen und mit Salz und
  Pfeffer würzen;
- Spalten auf ein Blech legen und im Ofen
  15–20 Min. mit Oberhitze rösten.

3. Gang:
Kornelsauce auf Basilikumcreme

ZUTATEN (für4 Personen):

Basilikumcreme
- 6 Stiele Basilikum
- 250 g Sahnequark
- 2 Blatt weiße Gelatine
- Saft und Schale von 2 unbehandelten Limetten
- 80 g Rohrzucker
- 3 Eiweiß
- Salz

Kornelsauce
- 500 g Kornelkirschen
- ½ l Apfelsaft
- 100 g Rohrzucker

Verwendete Wildfrüchte:
Kornelkirsche

Tipp: *Für die Fruchtsauce
kann man auch andere
(Wild-)Früchte wie Wild-
pflaumen oder Himbeeren
nehmen. Diese Nachspeise
kann gut in Portionsgläsern
für ein Menü vorbereitet
werden.*

ZUBEREITUNG:

- Gelatine im Limettensaft einweichen;
- mit Limettensaft und ein wenig Wasser in
  einem kleinen Gefäß im Wasserbad erwärmen,
  bis die Gelatine dünnflüssig und durchsichtig
  geworden ist;
- Basilikumblätter von den Stielen zupfen, mit
  Quark, Limettensaft und Limettenschalen-
  abrieb fein pürieren. Flüssige Gelatine unter-
  mischen;
- Quarkmasse so lange in den Kühlschrank
  stellen, bis sie beginnt, fest zu werden;
- Eiweiß mit dem Salz sehr steif schlagen, nach
  und nach Zucker zugeben;
- Eisschnee vorsichtig unter die Quarkmasse
  heben. In Gläser füllen und im Kühlschrank
  fest werden lassen;
- für die Sauce die Kornelkirschen waschen und
  im Apfelsaft weich kochen. Durch die Flotte
  Lotte pürieren;
- das Kornelkirschenmus mit Zucker
  abschmecken und evtl. mit etwas Wasser
  zu einer Sauce verdünnen.

*Basilikum auch für Süßspeisen zu verwenden, wo ich
dieses Kraut doch immer nur mit Tomaten und
Mozzarella in Beziehung gebracht hatte, kostete
etwas Überwindung. Aber das Ergebnis ist köstlich!
Limetten und Basilikum harmonieren geschmacklich
ausgezeichnet, und zusammen mit der tiefroten
Kornelsauce sind die Farben mindestens genauso
eindrucksvoll wie bei der italienischen Vorspeise.* LO

Kaffeeklatsch

Was gibt es Netteres, als bei einem schaumigen
Milchkaffee und einem leckeren Kuchen mit
Freundinnen oder Freunden den aktuellen Gang
der Dinge zu erörtern und ein paar Lösungen für
bedeutende Fragen des Lebens zu finden –
kurz: Kaffeeklatsch zu halten?
Noch dazu mit ein paar wilden
Inspirationen unsererseits ...
Hier kommen sie:

Süßer Kuchen und herbe Brennnessel passen nicht zusammen? Das dachten wir zunächst auch ... Doch dieser Kuchen ist der Hit! Man kann ihn nicht nur gefahrlos genießen, ich habe ihn sogar im Blindversuch an meiner Schwiegermutter getestet, die in Bezug auf Grünzeug ziemlich »krüsch« ist. Ihr Urteil lautet:»Der Boden hat einen sehr feinen nussartigen Geschmack, der hervorragend mit der säuerlich-frischen Limettencreme harmoniert.« Perfekt formuliert – na also, geht doch! KH

Zusatzkommentar von Lore: »Als Katharina mit dem Vorschlag eines süßen Brennnesselkuchens kam, war auch ich hochgradig skeptisch. Die Vorstellung, dass man diese Spinatpflanze in eine ansprechende Torte verwandeln könnte, schien mir undenkbar. Aber auch ich bin inzwischen vollständig überzeugt! Nicht nur ihre Schwiegermutter ...«

Brennnessel-Limetten-Kuchen

(für 8 Personen)
ZUTATEN für den Boden:
- 150 g Brennnessel – nur ganz junge Blätter und obere Triebspitzen verwenden
- 50 g Zitronenmelisse
- 150 g weiche Butter
- 150 g Rohrzucker
- 2 Eier
- 200 g Dinkel-Vollkornmehl
- ½ P Backpulver
- 1 Prise Salz

ZUTATEN für den Belag:
- 400 g Schmand
- 3 EL Zucker
- 1 Prise echte Vanille
- Saft von 1 Limette
- Schale von ½ Zitrone
- 200 ml süße Sahne

ZUBEREITUNG:
- Butter, Zucker, Salz und Eier schaumig rühren;
- Brennnesseln und Zitronenmelisse waschen, sehr fein hacken und unter die Ei-Butter-Creme rühren;
- Mehl mit dem Backpulver mischen und unter die Masse rühren bzw. heben;
- Teig auf den Boden einer mit Butter gefetteten Springform verteilen und bei 180 °C etwa 30 Min. backen.

ZUBEREITUNG:
- Schmand, Zucker, Vanille, geriebene Zitronenschale und Limettensaft glatt rühren;
- Sahne sehr steif schlagen und vorsichtig unterheben;
- Belag auf den erkalteten Boden geben und etwa 2 h kalt stellen.

Verwendete Wildkräuter:
Brennnessel

Holunder-Cassis-Topping auf Schokoladentorte

(für 8 Personen)
ZUTATEN für den Boden:
- 150 g Zartbitterschokolade
- 125 g weiche Butter
- 100 g Rohrzucker
- etwas Vanille
- 4 Eigelb
- 100 g gemahlene Mandeln
- 1 El (Dinkelvollkorn-)Mehl
- ½ P Backpulver
- 4 Eiweiß

ZUBEREITUNG:
- Schokolade zerbrechen und mit der Butter im Wasserbad schmelzen;
- Zucker mit Vanille unterrühren;
- Eigelb schaumig schlagen und hellgelb cremig unter die Schokomasse heben;
- Mandeln und Mehl mit Backpulver vorsichtig unterheben;
- Eiweiß mit Salz steif schlagen und vorsichtig unter den Teig ziehen;
- in die mit Backpapier ausgelegte Form geben (sie sollte einen Rand haben, damit das Topping nach dem Backen nicht herunterläuft, z. B. eine große Springform) und bei 175 °C etwa 25 Min. backen.

ZUTATEN für das Topping:
- 250 ml Holundersaft
- 500 ml Apfelsaft
- 250 g Schwarze Johannisbeeren
- 2 El. Maisstärke oder Kartoffelmehl
- etwas Rohrzucker (abschmecken)

Verwendete Wildfrüchte:
Holunder

Kommentar:
Schokoladenekstase pur

ZUBEREITUNG:
- Holunder- und Apfelsaft und Schwarze Johannisbeeren in einem Topf zum Kochen bringen;
- Stärke mit etwas Wasser oder Apfelsaft anrühren und in die kochende Masse geben;
- mit Rohrzucker abschmecken;
- das Topping sollte die Konsistenz einer dicken Sauce haben, aber nicht so dick wie rote Grütze sein;
- Torte nach dem Backen mit einem Zahnstocher in regelmäßigen Abständen einpiksen; das Topping warm auf dem noch warmen Kuchen verteilen und zusammen abkühlen lassen.

Weil die Schokotorte zwar eine magenmächtige Angelegenheit ist, aber die dunklen Früchte und der fast schwarze Kuchen doch gut noch ein bisschen Creme vertragen können, schlagen wir diesen Zimtquark vor – den man sich auch generell für Obstsalat merken kann.

Katharina findet, bei diesem Kuchen kommt es nicht mehr drauf an, und empfiehlt Sahnequark. Die hat gut reden ...   LO

Zimtquark

ZUTATEN:

- 500 g Magerquark
- ca. 250 g Joghurt
- 1 EL Honig
- Knapp ½ TL gemahlenen Ceylon-Zimt (ist gesünder als der deutlich billigere Kassia-Zimt)

ZUBEREITUNG:

- Zutaten miteinander verrühren und mit Honig abschmecken.

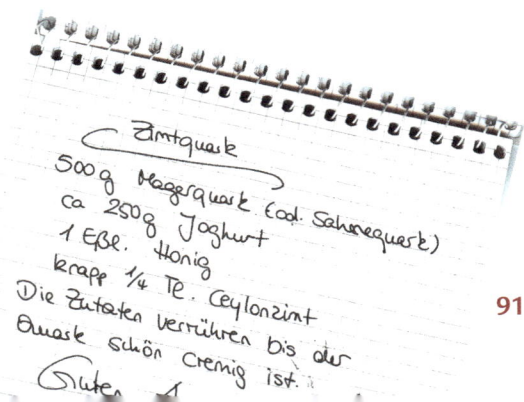

Bratäpfel mit herbstlicher Wildfruchtfüllung

ZUTATEN (für 6 Personen):

- 6 mittelgroße Äpfel
- 100 ml Apfelsaft
- 50 g Hagebuttenmus
- 50 g Rohmarzipan
- 50 g Brombeeren
- 1 Eiweiß
- etwas Rohrzucker
- ¼ TL Zimt
- 50 g gehackte Haselnüsse
- Butter

Verwendete Wildfrüchte:
Brombeeren, Hagebutten, Haselnüsse

ZUBEREITUNG:

- Äpfel waschen und mit dem Apfelausstecher das Kerngehäuse mit Stiel entfernen;
- Äpfel in eine gebutterte feuerfeste Form stellen. Apfelsaft auf den Boden gießen;
- Hagebuttenmus mit Marzipan verrühren und mit den Brombeeren vermengen;
- Eiweiß mit Zucker und Zimt steif schlagen. Die Hälfte der gehackten Nüsse unterheben. Ei-Nuss-Masse mit der Fruchtmasse mischen und in die Äpfel füllen. Überschüssige Füllung neben den Äpfeln verteilen;
- Rest der Nüsse über die Äpfel streuen. Butterflöckchen auf jeden Apfel setzen;
- den Ofen auf 175 °C schalten und ca. 30 Min. backen;
- Bratäpfel sind fertig, wenn die Füllung aufgegangen ist und die Äpfel auch im Inneren durchgebacken sind;
- sofort heiß, evtl. mit Vanillesauce oder flüssiger Sahne servieren.

Bratäpfel sind eine gute Alternative, wenn es nicht immer nur ein Kuchen sein soll. Besonders, wenn die Äpfel in der Lagerung nicht mehr frisch und knackig aussehen, sind Bratäpfel eine prima schmeckende Möglichkeit, sie lecker zu verarbeiten. Bei kleinen Äpfeln rechne ich immer mindestens zwei pro Person. Wenn ich sie kaufen muss, weil aus dem Garten schon alle verarbeitet sind, bevorzuge ich die Sorte Boskop. LO

Tipp: *Zur Apfellagerung ein Holzregal im Windfang oder auf überdachter Terrasse verwenden. Die Äpfel einzeln nebeneinanderlegen, nicht in eine Kiste übereinander!*

Kinder-geburtstag

Kinder essen am liebsten Bekanntes. Daher sollten auch WILDE REZEPTE immer auf bekannten Geschmacksrichtungen aufbauen – ohne dabei aber haltzumachen. Wir wollen sie für neues Appetitliches begeistern! Und was spricht dagegen, das Essen mit Blüten, frischen Kräutern oder Früchten zu dekorieren? Das mögen auch Kinder.

Melissen-Eistee

ZUTATEN (für 4 Personen):
- 1 l Wasser
- 1 Handvoll frische Melissenblätter, einige Triebe zur Dekoration
- einige Gierschblätter und wenige Minzblätter
- ein Spritzer Limettensaft, evtl. Limettenscheiben als Dekoration
- Rohrzucker nach Geschmack
- evtl. Eiswürfel

Verwendete Wildkräuter:
Zitronen-Melisse

Eistee ist bei Kindern sehr beliebt. Dieser Kräutereistee schmeckt frisch und ist mit seiner hellgrünen Farbe auch ziemlich cool anzusehen.

ZUBEREITUNG:
- Aus den frischen Kräutern einen Tee kochen; nur so lange ziehen lassen, dass der Tee seine frische grüne Farbe behält.
- Tee möglichst schnell abkühlen lassen.
- Abgekühlten Tee mit Limettensaft und Zucker abschmecken und kalt stellen.
- Vor dem Servieren evtl. Eiswürfel zufügen und mit Melissenblättern sowie Limettenscheiben dekorieren.

Wildkräuter-Quark

ZUTATEN (für 4–6 Personen):
- 500 g Magerquark –
  od. Hälfte/Hälfte Sahnequark
  od. eine Hälfte Joghurt
  od. Frischkäse und Quark …
- etwas Milch bis zur gewünschten
  Konsistenz
- 1 Handvoll gemischte Kräuter –
  Bärlauch, Knoblauchsrauke,
  Sauerampfer, Giersch, Schnittlauch, wenig Löwenzahn,
  Vogelmiere
- Salz, Rohrzucker, Pfeffer

ZUBEREITUNG:
- Kräuter waschen und klein hacken;
- Quark mit etwas Milch cremig rühren und reichlich gehackte Kräuter
  dazugeben;
- mit Salz, etwas Zucker und Pfeffer
  abschmecken.

Verwendete Wildkräuter:
Bärlauch, Knoblauchs-
rauke, Sauerampfer,
Giersch, Löwenzahn,
Vogelmiere

Tipp:

Die Kinder an der Zubereitung beteiligen: Pflücken, hacken … Durch die Vielzahl
verschiedener Kräuter, die verwendet werden können, kann man den Quark vom
Frühjahr bis in den Sommer hinein zubereiten. Gartenkräuter kann man natürlich
immer noch daruntermischen. Der Quark hat nachgewiesener Maßen die Chance zu
einem Lieblingsessen von Kindern zu werden!

Wilde Rote Grütze mit Vanillesauce

ZUTATEN (für 6 Personen):

- ca. 1 kg gemischte saftige Wild- und Gartenfrüchte
- 1 P Vanillepuddingpulver
- Zucker nach Geschmack
- ½ l Milch (oder Milch und Sahne)
- ½ P Vanillepuddingpulver od. 1 P Vanillesaucenpulver
- Rohrzucker nach Geschmack

Verwendete Wildfrüchte:
Kirschen, Brombeeren, Wild-pflaumen, Holunderbeeren, Kornelkirschen

Tipp:
Für den Kindergeburtstag ein paar nicht entkernte Kirschen zur roten Grütze geben: Wer die meisten findet, hat gewonnen.

ZUBEREITUNG:

- Gesäuberte Früchte mit Kern durch die Flotte Lotte geben, um das Fruchtmark zu erhalten – eine gute rote Grütze sollte mindestens ein Drittel Früchte mit Biss enthalten, daher sollten z. B. Erdbeeren, Himbeeren oder Brombeeren ganz verwendet werden;
- Früchte und Fruchtmark mit etwas Apfel- od. anderem Fruchtsaft aufkochen, mit Zucker abschmecken und mit angerührtem Puddingpulver andicken;
- kaltstellen;
- für die Vanillesauce das Puddingpulver mit etwas Milch und Zucker verrühren – die übrige Milch zum Kochen bringen und das angerührte Pulver zugeben – gut verrühren, einmal aufkochen lassen;
- kalt stellen, ab und zu umrühren.

96

Hollerpunsch

ZUTATEN (für 6 Personen):
- ca. 1 kg Holunderfrüchte
- 1 l Apfelsaft
- 2 Teebeutel Glühweingewürz oder einzeln ½ Zimtstange, einige Pimentkörner, 2 Kardamomkapseln, 3 Nelken
- Rohrzucker oder Honig nach Geschmack

Verwendete Wildfrüchte:
Holunderbeeren

Tipp:
Zum ersten Weihnachtsfrühstück in der Schule eine große Warmhaltekanne Holunderpunsch anbieten! Danach ist für den Rest zumindest der Grundschulzeit klar, dass in Herbst und Winter kein solches Event mehr ohne geht. Die 26 Kinder der Klasse meines Sohnes haben die ca. 2,5 Liter große Kanne meistens innerhalb von ca. zehn Minuten geleert. LO

ZUBEREITUNG:
- Fruchtstände des Holunders waschen, grobe Stiele abschneiden und mit einem kleinen Teil des Apfelsaftes weich kochen;
- Fruchtbrei durch die Flotte Lotte mit feinem Sieb passieren;
- entstandenes Fruchtmark aus Saft und Fruchtfleisch mit Apfelsaft und noch 1 l Wasser auffüllen, Gewürze zugeben und erhitzen – nicht kochen, mit Zucker oder Honig abschmecken;
- vor dem Eingießen die Gewürze entfernen.

Tipp:
Wenn die Kinder den Geschmack von Holunder noch gar nicht kennen, empfiehlt es sich, mehr Apfelsaft oder Früchtetee als Holundermark zu nehmen.

Picknick
(im Frühjahr)

Das Essen, das man für ein Picknick einpackt, sollte kalt genießbar, gut vorzubereiten und möglichst einfach zu essen sein – denn die Zeiten, in denen der Butler und die Köchin bereits zum Picknickplatz vorführen, um schon mal die Küche nebst Esszimmer aufzubauen, sind – für die allerallermeisten – ja wohl vorbei ...

Wir finden das Essen im Freien unter einfachen Bedingungen auch so spannend – wenn es originell, schmackhaft und ästhetisch ist.

Bärenbutter

Sie wurde schon mehrfach beschrieben (s. S. 21) – wir empfehlen sie auch zum Picknick als geschmackvoller Aufstrich aufs Fladenbrot.

Wildkräuterfladen vom Blech

ZUTATEN (für 6 Personen):

Teig

- 800 g Weizen- oder Dinkel-Vollkornmehl – am besten frisch gemahlen
- 500 ml handwarmes Wasser – höchstens
- 1 Würfel Frischhefe
- 1 EL Rohrzucker
- 1 TL Salz
- 10 EL Olivenöl

Belag

- 2 Knoblauchzehen
- etwas Hagelsalz
- 8–10 EL Olivenöl
- 6 EL Brennnessel gehackt und 6 Zweige wilder Majoran (Oregano) oder je 4 Zweige Rosmarin und Thymian oder andere stark aromatische Kräuter – einzeln oder beliebig gemischt

Verwendete Wildkräuter:
Brennnessel, wilder Majoran (Oregano), Rosmarin, Thymian oder andere stark aromatische Kräuter

ZUBEREITUNG Hefeteig:

- Mehl in eine Schüssel geben, in eine Kuhle die Hefe bröckeln;
- mit Zucker, ca. 250 ml Wasser und etwas Mehl einen Vorteig herstellen;
- Vorteig gehen lassen, bis er Blasen wirft;
- Salz, Olivenöl und Wasser nach Bedarf zugeben;
- alle Zutaten zu einem Teig vermengen und gründlich durchkneten;
- Teig gehen lassen, bis sich das Volumen deutlich vergrößert hat.

ZUBEREITUNG Belag und Fladen:

- Kräuter putzen, evtl. waschen und trocken schütteln, anschließend Stiele entfernen;
- Knoblauch schälen, in feine Scheiben schneiden;
- Teig nochmals kräftig durchkneten und 10 Min. ruhen lassen, bis er sich wieder entspannt hat, und dann auf zwei Backbleche – mit Backpapier – verteilen und ausrollen, mit einer Gabel mehrfach einstechen;
- Kräuter, Knoblauch und Hagelsalz auf dem Teig verteilen, mit Olivenöl beträufeln;
- auf dem Blech 15 Min. gehen lassen;
- Teigfladen bei 200 °C ca. 20–30 Min. auf mittlerer Schiene goldbraun backen. Wenn man während der ersten 15 Min. ein Blech mit heißem Wasser in eine der unteren Schienen schiebt, kann der Teig beim Backen noch Feuchtigkeit aufnehmen und wird sehr saftig. Gegen Ende der Backzeit sollte man das Wasser aber wieder entfernen, damit der Fladen schön braun wird;
- statt Hagelsalz kann man auch Tafelsalz verwenden, damit kann besser dosiert werden;
- Fladen am besten direkt aus dem Backofen noch warm servieren oder auf einem Rost abkühlen lassen.

Tipp:

Ich habe in letzter Zeit viele Hefeteige gemacht und festgestellt, dass man Hefeteig auch am Vorabend herstellen und diesen statt an einem warmen Ort im Kühlschrank über Nacht gehen lassen kann. Dazu sollte man den Teig mit warmem Wasser anrühren und nach kräftigem Durchkneten mit einem sauberen Geschirrhandtuch in einer Schüssel abgedeckt in den Kühlschrank stellen. Am nächsten Morgen scheint die Schüssel dann deutlich zu klein zu sein. Den Teig dann noch einmal leicht durchkneten und auf das Backblech geben. Mit dieser Methode schmeckt das fertige Brot deutlich weniger hefig.

Und: Wenn man den Fladen erst beim Picknick zerschneidet, bleibt er saftiger.   LO

Wilder Linsensalat

ZUTATEN
(für 4–6 Personern):

- 100 g schwarze Linsen
- 100 g Sprossen –
  z. B. von Mothbeans
- 2 Mohrrüben
- 1 Bund Frühlingszwiebeln
  oder 2 Zwiebeln
- ¼ Sellerieknolle oder
  2 Stangen Staudensellerie
- ½ Salatgurke
- 2 Handvoll Wildkräuter (Bärlauch, Knoblauchsrauke,
  Giersch, Sauerampfer,
  Löwenzahn)
- dunkler Balsamicoessig,
  Olivenöl, Orangensaft
- Salz, Pfeffer, Honig,
  wenig (!) gerebelten
  Thymian
- 1 unbehandelte Orange
- Thymianzweige zur
  Dekoration

ZUBEREITUNG:

- Linsen in Wasser ca. 2 h quellen lassen, dann
  in Salzwasser ca. 15 Min. kochen lassen –
  sie müssen weich werden, dürfen aber nicht
  zerfallen – hinterher abkühlen lassen;
- Gemüse waschen, schälen, fein würfeln;
- Kräuter waschen, trocken schütteln und
  grob hacken;
- alle Zutaten mischen;
- aus Essig, Olivenöl, Orangensaft, Salz,
  Pfeffer, Thymian und Honig eine Vinaigrette
  herstellen und den Salat damit pikant
  abschmecken;
- Orange filetieren und auf dem Salat verteilen, mit Thymianzweigen dekorieren.

*Schwarze Linsen mit orangefarbenen Möhrchen und
grünen Kräutern sind eine Lust fürs Auge. Die
Linsen sollten auf den Punkt gegart sein, um nicht
zu zerfallen. Die Apfelsine und die fruchtige Sauce
verbinden alle Zutaten miteinander zu einem
frischen sommerlichen Gericht.*

Verwendete Wildkräuter:
*Bärlauch, Knoblauchs-
rauke, Giersch, Sauer-
ampfer, Löwenzahn etc.*

Brennnessel-Pie

ZUTATEN (für eine große Springform):

Mürbeteig
- 250 g Dinkel-Vollkorn-mehl
- eine Msp. Salz
- 125 g Butter
- 1 Ei

Füllung
- 2 Handvoll zarter Brennnesselspitzen – gewaschen und gehackt
- 200 ml Sahne oder Milch
- 4 Eier
- 1 TL Salz, Muskat

Verwendete Wildkräuter:
Brennnessel

Dieser salzige Kuchen kann dank des stabilen Mürbe-teigbodens mit der Hand gegessen werden. Die würzige Füllung mit Wildkräutern und Mus-kat schmeckt nach Sonne und Frühling.

ZUBEREITUNG:
- Mehl in eine Schüssel geben und in die Mitte eine Mulde machen. Salz und Ei in die Mitte hineingeben. Butter in kleine Stückchen schneiden und auch auf die Mischung tun;
- da Mürbeteig nach Möglichkeit so kalt wie mög-lich bleiben soll, empfiehlt es sich, anfangs mit dem Messer die Zutaten zu mischen und zu zerschneiden bis die Butterstückchen sehr klein sind. Danach mit der Hand kneten, bis ein gleichmäßiger Teigbatzen entstanden ist;
- Teig etwa 1 h im Kühlschrank kalt stellen;
- Eier und Sahne für die Füllung gut miteinander verschlagen;
- Muskat, einen TL Salz und die Brennnessel-spitzen zugeben und gut unterrühren;
- Mürbeteig in der gefetteten Springform verteilen, bis ein dünner Boden und ein ca. 4 cm hoher Rand entstanden ist;
- Füllung auf dem Boden verteilen und den Rand wieder bis etwa 1 cm oberhalb der Füllung herunterdrücken;
- etwa 20 Min. bei 175 °C, dann noch mal 20 Min. bei 150 °C backen;
- wenn die Füllung sich auf Druck nicht mehr wabbelig verhält, ist der Pie gar.

Tipp: *Der Pie schmeckt auch gut mit anderen Wildkräutern oder im Sommer mit Mangold.*

Kopenhagener mit Waldmeister-Limetten-Quarkfüllung

(siehe Seite 33)

Tipp: *Diese Blätterteigteilchen lassen sich am besten über-einandergeschichtet in Dosen transportieren – jeweils mit Backpapier dazwischen. Sie bilden einen handlichen, zitronig frischen Nachtisch.*

Herbstlicher Brunch

INTER-VIEWS

mit

Ali Güngörmüs

Giersch und Brennnessel in der Sterneküche

Herr Güngörmüs, welche Rolle spielen Kräuter in Ihrer Sterneküche?

Wer kocht, braucht Kräuter. Sie gehören unbedingt zur Küche. Ob sie zum Aromatisieren genutzt werden, ob sie eine heilende Wirkung haben oder zum Abnehmen dienen – ohne Kräuter kommt keine gute Küche aus. Neben den bekannten mediterranen Kräutern entdecken wir jetzt zudem wieder viele einheimische Wildkräuter, die lange vergessen waren.

Welche Wildkräuter dürfen in Ihre Küche?

Wir benutzen in unserer Küche Brennnessel, Melisse, Löwenzahn, Borretsch und Liebstöckel. Auch

Giersch ist manchmal dabei. Die wilde Minze nehmen wir zum Verfeinern der Gerichte ebenso. Dabei gilt für alle Kräuter: Man muss mit ihnen umgehen können. So gibt es Kräuter, die das Essen kaputtmachen, die das Hauptprodukt durch ihren starken Geschmack verfälschen.

Wie ist es mit Sauerampfer und Brunnenkresse?

Die echte, wilde Brunnenkresse ist sehr scharf, so wie ein Senf. Auch Kerbel schätze ich in meiner Küche. Sauerampfer verwenden wir nur ganz selten.

Denkt ein Sternekoch primär an den Geschmack von Kräutern oder auch an ihre Wirkung?

Es gibt heilende Kräuter oder auch aphrodisierende – daran denke ich beim Kochen natürlich auch. Denn die Wirkung von Kräutern muss nicht immer positiv sein. Etwa führt die Brennnessel zu stärkerem Harndrang. Kräuter, ob wild oder auch andere, müssen immer so eingesetzt werden, dass das Gericht bekömmlich ist. Kräuter, richtig behandelt, geben einem Essen dann eine ganz bestimmte Leichtigkeit.

Was wächst in Ihrem Kräutergarten, hier vor der Haustür Ihres Restaurants?

Hier, direkt hinter uns, wächst wilde Minze, Melisse, Oregano und Salbei, Giersch wächst ein wenig weiter unten am Hang.

Gibt es auch Kräuter, die in Ihrer Küche weniger wohlgelitten sind?

Mit Liebstöckel, auch Maggikraut genannt, gehe ich ganz vorsichtig um, weil er sehr dominant ist. Das gilt auch für wilden Fenchel. Giersch etwa halte ich eher für weniger spannend, denn er hat zu wenig Power.

Was wächst sonst noch am Wegesrand und ist für Ihre Küche interessant?

Ich liebe Holunderblüten, Beeren und Hagebutten – alles wunderbare Gewächse.

Ali Güngörmüs übernahm nach der Lehre und Stationen im Restaurant »Lenbach« und dem »Tantris« 2005 in Hamburg das »Le Canard Nouveau« an der Elbchaussee. Ein Jahr später bekam er für seine Kochkunst einen Michelin-Stern zugesprochen. Er ist regelmäßig als Fernsehkoch im NDR und ZDF zu sehen und auch Autor von eigenen Büchern über das Kochen.

Hans-Helmut Poppendieck

Pflanzen, die schnell wachsen, sind selten giftig

Wildkräuter kennt der Mensch schon lange. Wie sehen Sie die historische Dimension des Zubereitens von Wildkräutern?

Ein Kollege aus Potsdam hat mal einen kleinen Aufsatz geschrieben. Die Überschrift war: »Esst mehr Unkraut«. Beim Anschauen von Büchern über Wildkräuter hat er festgestellt, dass es zeitlich gesehen zwei Schwerpunkte gab, das war die Zeit zwischen 1914 und 1919 sowie von 1939 bis 1950. Ältere haben für diese Jahre oft von der Steckrübenzeit berichtet. In den gerade genannten Zeiträumen war das Wildgemüse eine willkommene Ergänzung. So hat mir ein Bekannter erzählt, wie er 1946 in Berlin Samen von der Wegrauke gesammelt hat. Um Öl zu bekommen, hat er den Samen ausgepresst.

Wo ziehen Sie als Botaniker die Grenze zwischen Wildkräutern und Wildgemüse?

Zum Wildgemüse zähle ich wilde Pflanzen, deren Blätter man zu Mus verkocht oder als Beilage verwendet, so wie Bärlauch. Wildkräuter hingegen sind eine würzende Zutat.

Welche Erfahrungen haben Sie persönlich mit der Wildkräuterküche gemacht?

Frau Henne und Frau Otto haben mich mal eingeladen, das war sehr lecker. Ein wunderbarer Abend, an dem ein Gang nach dem anderen serviert wurde. Auch im Rahmen einer Schulung für Naturpädagogen habe ich Erfahrungen mit Wildpflanzen gemacht. Da haben wir zum Beispiel mal einen Salat von jungen Buchenblättern zubereitet. Der war sehr, sehr lecker.

Landläufig heißt es, dass Vogelbeeren nicht essbar sind. Unsere Autorinnen und andere Kräuterfrauen bereiten auch die Vogelbeere zu.

Die meisten, die ich probiert habe, haben nicht besonders gut geschmeckt. Besser schmeckt die Sorte Essbare Vogelbeere. Das ist eine besondere Sorte mit etwas größeren Früchten.

Im Rahmen Ihrer Arbeit haben Sie auch Hannelore (Loki) Schmidt kennengelernt. Wie war ihr Verhältnis zu Wildkräutern?

Sie kannte sich mit Kräutern und auch Unkraut sehr gut aus und wusste zu differenzieren. Sie hat sich sehr dafür eingesetzt, dass man die manchmal verborgene Schönheit aller Pflanzen sieht. Außerdem hat Loki Schmidt die schlechte Zeit miterlebt, von daher wird sie sicher auch wild wachsende Pflanzen zubereitet haben.

Am Wegesrand wächst so manches, an dem die Menschen achtlos vorübergehen. Was davon können Sie noch empfehlen?

Es gibt vieles, was man ausprobieren kann. Dabei muss man natürlich auch nachlesen, damit man nichts Giftiges isst. So bin ich neulich an einem fremdländischen Weißdorn vorübergekommen, der sehr wohlschmeckende Früchte hatte. Zum Thema Gift: Keine Pflanze will gern gefressen werden. Pflanzen versuchen sich zu schützen. Mal mit Stacheln oder eben auch durch Gift.

Können Sie eine Faustregel geben, was von wild wachsenden Pflanzen essbar ist?

Fast alle Pflanzen, die sehr schnell wachsen, kann man essen. Die investieren ihre Reservestoffe nicht in Gifte, sondern in Neutriebe. Aber Vorsicht beim Probieren – und nie zu viel auf einmal essen!

Dr. Hans-Helmut Poppendieck ist Biologe und Botaniker. Lange Jahre hat er das Herbarium der Universität Hamburg geleitet, zuletzt in Klein Flottbek. Er ist 1. Vorsitzender des Botanischen Vereins zu Hamburg.

Milenko Gavrilovic

Highligths vom Wegesrand

Herr Gavrilovic, woher rührt das neue Interesse an dem, was wild am Wegesrand wächst und für die Küche interessant sein könnte?

Die Menschen werden immer bewusster und wollen weniger gezüchtete oder genetisch veränderte Dinge auf dem Teller sehen. Die wild wachsenden Pflanzen und Kräuter, die man früher sammelte,

hatten Bitterstoffe, die die Verdauung angeregt und zur Blutreinigung gedient haben. Zum Beispiel Rucola: Ihn wild zu finden ist heute Glückssache. Dabei ist das eine Bereicherung, denn die meiste gezüchtete Ware heißt zwar Rucola, schmeckt aber nicht danach.

Warum kommt das gerade jetzt, nicht schon vor 10 oder 20 Jahren?

Heute geht es vermehrt darum, auch in kleinerem Rahmen etwas für die Umwelt zu tun, etwa indem man wilde Früchte und Kräuter sammelt. Wir sind jetzt am Ende eines langwierigen Prozesses. Es ist über die Jahre ein fruchtbarer Boden entstanden; die Gedanken und Ideen vieler Jahre können nun Früchte tragen.

Welche weiteren Aspekte beim Thema Ernährung sehen Sie?

Es geht um Verschwendung, die Tatsache, dass wir ein Drittel unserer Lebensmittel einfach wegschmeißen. Es geht um die Verpackung, um Nachhaltigkeit ...

Gibt es unter den wild wachsenden Früchten und Kräutern einige, die Sie besonders mögen?

Oberhalb des Marseille gibt es mehrere Bäume, einer davon ist ein Maulbeerbaum. Aus den Früchten haben mein Küchenchef und ich ein Kompott gemacht und mit Wildschweinbraten kombiniert. Das war ein unvergleichbares Highlight.

Für die Beantwortung der Frage muss ich etwas in der Geschichte zurückgehen. Kurz nach dem Kriegsende hat man aus der Not heraus am Wegesrand gepflückt, alles, was man an Essbarem fand. Dann kamen die Jahre des Wirtschaftsbooms, eine Art zweite Industrialisierung. Wir haben gern zu Konserven und Fertigprodukten gegriffen. Die Hausmannskost wurde völlig vergessen. Dann kamen die 1980er und 90er Jahre, und das Bewusstsein für Ernährung entwickelte sich langsam wieder in eine andere Richtung.

Wie ist der Stand der Entwicklung in puncto Ernährung heute?

Milenko Gavrilovic absolvierte nach einer Ausbildung zum Koch eine Hotelfachschule in der Schweiz. Nach verschiedenen Stationen, u. a. arbeitete er gemeinsam mit Christian Rach im Restaurant »Engel«, betreibt er an der Großen Elbstraße seit 2008 das Restaurant »Marseille« und mit Partner das »Eisenstein«. Zudem ist er Partner von Tim Mälzer im »Off Club«.

Daniela Wolff

Verbindung mit der Natur

Frau Wolff, was ist das Spannende für Sie, sich mit Unkraut zu beschäftigen, der »Öko« nennt es Wildkraut?

Ich spreche gerne von Unkraut, weil das immer Reaktionen provoziert. Wenn ich auf meinen Wanderungen von Unkraut spreche, rebellieren alle. Für mich sind diese Kräuter natürlich alle sehr wertvoll.

Wie wertvoll sind die Wildkräuter von den Inhaltsstoffen her?

Sie sind viel, viel kraftvoller als gezüchtete, weil sie nicht kultiviert, nicht gezüchtet und nicht künstlich gedüngt wurden.

Wie sind die Menschen überhaupt darauf gekommen, am Wegesrand wachsende Pflanzen als Unkraut zu bezeichnen und sie manchmal sogar mit Gift zu bekämpfen?

Einige Kräuter galten als Arme-Leute-Medizin. Als dann die neue Medizin kam, war die beliebter: Pille rein, fertig. Außerdem wachsen diese Pflanzen, wo und wie sie wollen, sie entziehen sich unserer Kontrolle, das geht natürlich gar nicht ...

Daneben geht es auch um den kulinarischen Aspekt ...

Ich ernähre mich viel von der Wiese, mit Brennnessel, Spitzwegerich, Gänseblümchen oder Lindenblättern. Auch das ist überwiegend verloren gegangen, weil es früher ein

Arme-Leute-Essen war. Wenn ich meiner Großmutter sagte, dass ich Brennnesseln esse, erzählte sie, dass sie im Krieg ganz viel Brennnesseln essen musste. Daher wollte sie später nichts mehr davon wissen. Für mich gibt es diesen historischen Bezug aber natürlich nicht.

Wo sammeln Sie die Pflanzen?

Ich sammle abseits der Wege, dabei meide ich aber die Fläche rund um Bäume, an die die Hunde pinkeln. Gut sind steile Hänge, weil dort auch keine Hunde hinkommen. Dabei bin ich nicht zu pingelig, Staub lässt sich leicht abwaschen. Auf jeden Fall sind die Dinge im Supermarkt belasteter als die, die am Wegesrand wachsen. Sie sind normalerweise gespritzt und gedüngt, denn auch das Erdreich ist angereichert mit Dünger.

Was sind Ihre Lieblingspflanzen?

Meine Favoriten sind Lindenblätter, Brennnesseln, Vogelmiere und natürlich die allerliebsten Gänseblümchen.

Ihr Tipp für den an Wildpflanzen Interessierten?

Wir sollten wieder viel mehr von der Wiese essen. Das macht einfach glücklich, bringt ein völlig anderes Lebensgefühl und verbindet uns wieder mit der Natur.

Daniela Wolff ist Heilpraktikerin und Kräuterfrau. Unter dem Titel »Heilsames am Wegesrand« bietet sie Kräuterwanderungen an. Dabei geht es immer auch um das Essen von der Wiese. Die gebürtige Friesin und Tochter eines Gärtners beschäftigt sich seit ihrer frühen Jugend mit dem Thema Pflanzen. Sie lebt seit 26 Jahren als Vegetarierin.

Charlotte Sachter

Heilende Wirkungen

Frau Sachter, wie kommt es, dass die Menschen die Wildkräuter wiederentdeckt haben?
Da ist zum einen der Wissensdurst der Menschen. Auch der Wunsch nach Anbindung an die Natur ist stärker geworden. Es gibt einen Trend, hervorgegangen aus einem Maß an Übersättigung und Langeweile. Menschen sind wieder aufmerksam geworden für die Dinge, die vor der Tür wachsen. Eine Rückbindung, die wir auch in entsprechenden Zeitschriften finden.

Welche Rolle spielen die Wildkräuter in der Heilkunde?

Die Kräuterheilkunde liegt im Trend. Unzählige Heilkräuter wachsen vor unserer Tür. Sie wurden immer schon als Tee oder auch im alkoholischen Auszug zubereitet. Die mittelalterlichen Köche wussten viel über heimische Kräuter. Sie verwendeten sie zum Haltbarmachen der Speisen und zur Verbesserung des Geschmacks und Geruchs besonders von Fleisch. Nicht zuletzt wurden Heilkräuter auch für die bessere Verdaulichkeit der oft schweren Gerichte verwendet. Ich halte es für wichtig, dass die Menschen wissen, wie ihre Lebensmittel, Gewürze und Kräuter wirken.

Welche Wildkräuter finden Sie als Heilpraktikerin und Ernährungslehrerin am interessantesten?

Als Erstes fällt mir da die Brennnessel ein. Eines unserer größten Heilkräuter. Die Kriegsgeneration kennt sie als Spinatzubereitung. Sie ist gleichzeitig blutaufbauend und den Körper reinigend. In meiner Wohngegend wächst auch ganz viel Pestwurz, der in der Küche heute nicht mehr verwendet wird. Sehr wohl in die Küche kommen aber Engelwurz und Liebstöckel, als Maggikraut bekannt, die haben früher in keiner Suppe gefehlt, weil sie den Körper sehr gut durchwärmen. Sie regen den Verdauungstrakt an und klären ihn – es sind richtige Kräfteaufbauer. Im Salat machen sich gut junger Löwenzahn, Pimpernelle, die jungen Blätter des Borretsch und der Knoblauchsrauke. Als Blüten schmecken hervorragend Gänseblümchen, wilde Stiefmütterchen, Taubnesselblüten und die scharfe Kapuzinerkresse. Löwenzahnknospen können als Kapern sauer eingelegt werden.

Kann man im Umgang mit Wildkräutern auch etwas falsch machen?

Die Dosis macht das Gift – das gilt auch für Wildkräuter. Es gibt auch ungünstige Kombinationen, und man muss wissen, welchen Teil der Pflanze ich verwende. Verwende ich die Wurzel, den Samen oder das Blatt? Das muss jeder wissen, der Wildkräuter verwendet. Bei der Brennnessel zum Beispiel kann ich alles nehmen. Beim Wacholder

nehme ich nur die Frucht, beim Anis, Fenchel und Kümmel nehme ich die Samen.

Wie erkennt der Anfänger, was da am Wegesrand wächst?

Es lohnt sich, eine Führung mitzumachen und ein Bestimmungsbuch mitzunehmen. Auf jeden Fall muss man sehr genau hinsehen. Denn tatsächlich sehen die Kräuter in der Natur häufig anders aus als auf Fotos. Man kann auch Wildkräuter über den Geruchssinn bestimmen, indem man das Blatt reibt.

Gibt es bei Ihnen Lieblingskräuter?

Ich liebe die mediterranen Kräuter, die ja hier inzwischen auch heimisch sind, der Salbei, der Rosmarin und der Dost – das wilde Oregano – und den Lorbeer. Von den hiesigen Kräutern mag ich den Majoran, Anis und Wacholder. Die eher kühlenden Kräuter wie Borretsch, der leicht nach Gurke schmeckt, mag ich und vertrage ich weniger. Die Minze zum Beispiel ist ein ganz starkes Heilkraut, das extrem unterschätzt wird. Sie hat eine intensiv kühlende und energiebewegende Wirkung. Hingegen hat die Zitronenmelisse eine sehr beruhigende Wirkung und eignet sich von daher gut als Abendtee.

Charlotte Sachter ist Heilpraktikerin und Shiatsu-Therapeutin. Seit ihrer Shiatsu-Ausbildung beschäftigt sie sich intensiv mit gesunder Ernährung, besonders mit Makrobiotik und der Fünf-Elemente-Lehre der traditionellen chinesischen Medizin. Dies führte sie zur Kräuterheilkunde, zu Rezepturen, die Beschwerden lindern und zur Harmonisierung beitragen.

Die fünf Gespräche führte
Konrad Weißhaupt

Interview mit Charlotte Sachter

TIPPS UND WICHTIGES

Helfer in der Küche

Passiermühle od. Flotte Lotte: Lange Jahre habe ich Fruchtbrei durch ein Sieb passiert, um an das Fruchtmark zu kommen. Ich dachte, man braucht ja nicht mehr ... Dann habe ich mir für einen unserer Kochkurse doch eine Flotte Lotte zugelegt und will sie nun wirklich nicht mehr missen – es geht alles viel einfacher und schneller! Man kann die Flotte Lotte nicht nur zum Entkernen von Wildfrüchten verwenden, sondern beispielsweise auch z.B zum einfachen Herstellen von Apfelmus: Ich wasche die Äpfel nur noch, schneide sie in Viertel, koche sie kurz weich und kurble sie dann durch – fertig! Kein Schälen oder Kerngehäuse-Rausschneiden mehr, das ist nicht mehr nötig.

Tipp: Beim Kauf einer Passiermühle sollte man darauf achten, dass sie (ohne Früchte) leicht zu drehen ist.

Kräftiger Pürierstab (mind. 600 Watt): Das Andicken von Suppen – dadurch, dass man eine dicke Kartoffel darin püriert – geht supereinfach mit einem Pürierstab. Und auch die Herstellung von Kräutercremes – mit wirklich klein gehackten Kräutern – ist mit diesem Helfer deutlich weniger arbeitsintensiv.

Mixgeräte: Elektrische Mixbecher sind im Gegensatz zum Pürierstab gut zum Hacken von Nüssen oder zur Herstellung von Smoothies. Wenn das Gerät dann noch leicht auszuspülen bzw. in der Spülmaschine zu reinigen ist, macht es richtig Spaß, Rohkost zu essen (oder zu trinken).

Marmeladen- und Safttrichter: Seit ich einen Marmeladentrichter aus Metall besitze (der aus Plastik war der Hitze nur schlecht gewachsen), wird beim Abfüllen von heißer Marmelade in die vorbereiteten Gläser nur noch sehr wenig gepütschert, was erfreulicherweise die Putzzeit nach dem Kochen minimiert. Die Safttrichter verwenden wir zum Abfüllen von Likören und Essigen.

Edelstahlschüsseln: Schüsseln aus Kunststoff behalten selten ihre Farbe, wenn man ab und zu Holunder- oder andere stark farbige

Früchte darin verarbeitet, daher ist Edelstahl auf Dauer viel schöner. Außerdem braucht man hier die Weichmacher im Kunststoff nicht zu fürchten.

Wiegemesser:

Wer ab und zu frische Kräuter verarbeitet, braucht über kurz oder lang ein Wiegemesser zum feinen Hacken. Ob mit einer oder zwei Klingen, das ist Geschmackssache. Das dazugehörige Brett mit der Mulde ist ganz hilfreich, damit die Kräuter nicht dauernd neben dem Brett eingesammelt werden müssen.

Passiertuch: Wenn es feine Stoffe auszusieben gilt, die im normalen Haushaltssieb nicht hängen bleiben, ist ein Passiertuch sehr nützlich. Es nimmt außerdem wenig Platz im Schrank ein und ist leicht in der Waschmaschine zu reinigen.

Twist-off-Gläser: Diese Gläser erzeugen beim Abkühlen im Inneren einen Unterdruck, wenn sie heiß befüllt und dann sofort zugedreht werden. Dadurch bleiben die Inhalte viel länger haltbar.
Zum besseren Verständnis: Twist-off-Gläser sind die Gläser, die oft vor dem Öffnen eine kleine Delle im Deckel haben und die man nicht aufkriegt, bevor es »Plopp« gemacht hat.
Im Gegensatz z. B. zu Honiggläsern mit Plastikdeckeln …

Helfer beim Sammeln

- Garten- oder Küchenschere

- Sammelgefäß (ein oder mehrere Joghurteimerchen oder saubere Schüsseln)

- Gummihandschuhe (z. B. bei Brennnesseln)

- Astschere (z. B. für Holunder- früchte oder –blütendolden), damit erreiche ich auch Äste, die für mich eigentlich zu hoch sind

- Großes Laken oder Tuch, um herunterfallende Früchte der Kornelkirschen aufzufangen

- Regenschirm mit gebogenem Griff, um Äste und Ranken näher zu sich heranzuziehen

Tipps für das Sammeln

Beim Sammeln von Wildkräutern und Wildfrüchten muss ich mir verschiedene Fragen stellen:

Ist das Pflücken an diesem Standort gut für meine Gesundheit?
Die appetitlichsten Kräuter findet man abseits der Wege, an denen Hunde spazieren geführt werden. An intensiv bewirtschafteten Landwirtschaftsflächen ist eine Belastung mit Pestiziden zu erwarten.

Bin ich in einem Naturschutzgebiet, wo jegliches Betreten, Pflücken und Ernten verboten ist?
Die Regeln vor Ort kann man in der jeweiligen Naturschutzgebietsverordnung nachlesen.

Gibt es Löcher in den Blättern oder sonstige Fraßspuren?
Dann könnte es sein, dass diese Pflanze die Nahrungsgrundlage für Tiere ist. Das Ernten in der Natur ist

für uns nicht Notwendigkeit, sondern Hobby, daher haben wir eine besondere Verantwortung für unsere Mitgeschöpfe, die sich manchmal nur von einer Pflanzenart ernähren und nicht wie wir die Möglichkeit haben weiterzusuchen.

Gibt es ausreichend dieser Kräuter oder Früchte, so dass ich genügend für mich sammeln kann, ohne mehr als etwa 10 Prozent des Bestandes zu benötigen?
Dann ist gewährleistet, dass auch für menschliche und tierische Mitinteressenten genug übrig bleibt und man hinterher nicht sehen kann, dass etwas fehlt.

Kann ich den Eigentümer der Pflanzen um Erlaubnis fragen?
Bei der Ernte auf öffentlichen Flächen begehen wir bei der Ernte »Mundraub«, wenn wir nicht die Zustimmung des Eigentümers haben.

Rechtslage: Im *Mundräuber-Handbuch* (s. auch Literaturtipps) wird das Strafgesetzbuch zitiert, nach dem auch »Mundraub« als Diebstahl mit einer Freiheitsstrafe von bis zu fünf Jahren oder einer Geldstrafe geahndet werden kann.
Am 10. Juli 2014 wurde im *Hamburger Abendblatt* eine gute Frage gestellt: *Darf man öffentlich wachsendes Obst (für den Eigenbedarf) ernten?*
Zitiert wurde in dem Artikel dann Wolfram Hammer, Diplom-Biologe vom BUND Hamburg: »Das hängt davon ab, wo das Obst wächst. In öffentlichen Grünanlagen in Hamburg

ist das Ernten verboten. Für Straßenbäume außerhalb von öffentlichen Grünanlagen hingegen besteht keine derartige Regelung. Früchte von wild lebenden Pflanzen darf man nach dem Naturschutzgesetz pflücken, sofern man geringe Mengen, pfleglich und nur für den eigenen Bedarf erntet. Und wenn der Baum oder die Pflanze nicht anderweitig geschützt sind. Bei Obst heißt das hauptsächlich, dass man es nicht an einer Stelle ernten darf, die einem Betretungsverbot unterliegt. Das gilt auch für alle Pflanzen in Naturschutzgebieten.« Wer es genau wissen will, fragt am besten dort nach, wo man es wissen sollte: bei den örtlichen Grünflächenämtern.

Das gilt selbstverständlich nicht nur für Obst, sondern auch für wilde Kräuter. Womit wir beim wichtigen Thema der »Etikette« des Erntens wären:

Richte ich Schaden an anderen Beeten oder bewirtschafteten Flächen an, wenn ich hier ernte?
Da es sich bei den meisten der von uns verwendeten Kräuter um »Unkräuter« oder sonst nicht genutzte Früchte handelt, werden sie wahrscheinlich kaum einem Besitzer einer Fläche so kostbar sein, dass er oder sie Anzeige erstattet. Aber wenn bei der Ernte andere Pflanzen beschädigt werden, oder sonstiger Flurschaden angerichtet wird, kann sich die Situation leicht zuspitzen. So wie die Sammelregel besagt, man solle nur so viel ernten, dass die Entnahme »nicht zu sehen ist« ist, so sollte auch in der Umgebung nicht zu erkennen sein, dass jemand da war!

Giftige Pflanzen

Diese Pflanzen sind giftig und sollten auf keinen
Fall verzehrt werden – auch ihre Blüten nicht:

Akelei *Aquilegia*

Christ- und Lenzrosen *Helleborus*

Eisenhut *Aconitum*

Fingerhut *Digitalis*

Goldregen *Laburnum*

Herbstzeitlose *Colchicum*

Kartoffelblüten *Solanum tuberosum*

Maiglöckchen *Convallaria*

Bittersüßer Nachtschatten *Solanum dulcamara*

Pfaffenhütchen *Euonymus*

Rainfarn *Tanacetum*

Scharfer Hahnenfuß *Ranunculus acris*

Schierling *Conium* wie auch einige andere Doldenblütler
wie **Hundspetersilie** *Aethusa cynapium*
und **Taumel-Kälberkropf** *Chaerophyllum temulum*

Stechapfel *Datura*

Tollkirsche *Atropa*

Tomatenblüten *Solanum lycopersicum*

Usambaraveilchen *Saintpaulia ionantha*

Eisenhut

Fingerhut

Fuchsie

Dahlie

Glockenblume

Kapuzinerkresse

Hornveilchen

Essbare Blüten

Um grüne Gerichte bunter zu machen, fügen wir dem Essen gern Blüten hinzu.
Doch bei der Dekoration muss es nicht bleiben, die Blüten der folgenden Pflanzen sind auch essbar:

Basilikum *Ocimum*
Begonie *Begonia*
Beinwell *Symphytum*
Borretsch *Borago*

Chrysantheme *Chrysanthemum*
Dahlie *Dahlia*
Dill *Anethum*
Distel *Cirsium*

Fenchel *Foeniculum*
Flieder *Syringa*
Frauenmantel *Alchemilla*
Fuchsie *Fuchsia*
Funkie *Hosta*

Gänseblümchen *Bellis*
Giersch *Aegopodium podagraria*
Glockenblume *Campanula*

Holunder, Schwarzer *Sambucus nigra*
Hornveilchen, Veilchen, Stiefmütterchen *Viola*

Indianernessel *Monarda*
Kamille *Anthemis*
Kapuzinerkresse *Tropaeolum*
Königskerze *Verbascum*

Kornblume *Centaurea*
Kosmee *Cosmea*
Kürbis und Zucchini *Cucurbita*

Lauch *Allium*
Lavendel *Lavandula*
Löwenmaul *Antirrhinum*
Löwenzahn *Taraxacum*

Mädesüß *Filipendula ulmaria*
Malve *Malva*
Minze *Mentha*
Mohn *Papaver*

Nachtkerze *Oenothera*
Nelke *Dianthus*

Oregano *Oreganum*
Pelargonie *Pelargonium*
Petunie *Petunia*
Primel *Primula*

Ringelblume *Calendula*
Rose *Rosa*
Rosmarin *Rosmarinum*
Rotklee *Trifolium pratense*

Salbei *Salvia*
Schafgarbe *Achillea*
Sonnenblume *Helianthus*
Steinkraut *Alyssum*

Taglilie *Hemerocallis*
Taubnessel *Lamium*
Thymian *Thymus*
Tulpe *Tulipa*

Vergissmeinnicht *Myosotis*

Rose

Ringelblume

Oregano

Mohn

Sumpfschafgarbe

Pflanzenregister

Pflanze (im Buch Seite)	verwendete Pflanzenteile **Blätter und Blüten**	Erntezeiten	Fundorte
Bärlauch 20	Junge Blätter vor der Blüte, Blüte	April bis Mai	Laubwald Garten
Beinwell 60	junge Blätter	Ab Ende April	Garten Gewässerlauf
Brennnessel 26	junge Blätter und Triebe	ab April	Weg- und Waldrän-der, Brachflächen, Garten, Park
Cardamine 23	junge Blätter bzw. ganze Pflanzen	ab Februar fast das ganze Jahr	Felder, Brachflä-chen, an Wegen und Mauern, Garten
Gänseblümchen 18	junge Blätter, Blüten	April bis September	Garten, Park
Giersch 13	junge Blätter	April bis Oktober	Garten, Park, Waldrand
Holunder 50	Blüten	Juni bis Juli	Park, Garten, Knicks, Waldränder
Hopfen 28	zarte Triebspitzen mit den ersten zwei Blattpaaren	April bis Mai	Park, feuchte Wälder
Knoblauchs-rauke 30	Blätter vor der Blüte	März bis Mai	Park, Weg- und Waldränder
Linde 38	junge Blätter	April bis Mai	Park, Stadtgrün, Laubmischwälder
Löwenzahn 16	junge Blätter Blüten	April bis Mai Mai	Garten, Park, Wiesen, Wegränder
Melisse 14	Blätter, junge Triebe	April bis Oktober	Garten
Minze 14	Blätter, junge Triebe	April bis Oktober	Garten

beschriebene Rezepte Buchseite

Pflanze (im Buch Seite)	verwendete Pflanzenteile Blätter und Blüten	Erntezeiten	Fundorte
Pimpernelle 17	junge Blätter	März bis Oktober	Garten
Sauerampfer 64	Blätter	April bis Juni	Garten, Park, Wiesen, Brachflächen
Vogelmiere 17	junge Triebe	März bis September	Garten, Park
Waldmeister 32	frische Triebe vor der Blüte	April bis Mai	unter Bäumen im Park, Laubwälder

Früchte

Pflanze		Erntezeiten	Fundorte
Brombeere 34	reife Früchte	Juli bis September	Garten, Park, Knicks, Gebüsche, Waldränder
Essigbaum 44	reife Früchte	August bis September	Garten, Park
Holunder 50	reife Früchte	September	Park, Knicks, Waldränder
Kornelkirsche 46	reife Früchte	August bis September	Garten, Park, Hecken, Waldränder
Rose 40	reife Früchte	August bis Oktober	Garten, Park; Knicks, Hecken, Weg- und Waldränder
Schlehe 62	reife Früchte	September bis November	Park, Knicks, Hecken, Waldränder
Vogelbeere 54	reife Früchte	August bis Oktober	Garten, Park, Knicks, Waldränder
Walnuss 56	Walnusskerne	September bis November	Garten, Park
Wildpflaume 48	reife Früchte	Juli bis September	Garten, Park

beschriebene Rezepte Buchseite

Anhang

Literaturtipps

Aichele, D. & Spohn, R., 2008:
»Was blüht denn da?«
Kosmos Verlag
Ein Bestimmungsbuch, in dem über
870 Blumen, Gräser, Bäume und
Sträucher anhand von naturgetreuen
Farbzeichnungen dargestellt werden.
Die Pflanzen sind nach ihrer Blüten-
farbe eingeteilt. Weitere Bestim-
mungsmerkmale sind Blütenform,
Standort, Blütezeit und Größe. Die
Pflanzen lassen sich so schnell und
sicher bestimmen.

Lüder, R., 2011:
**»Grundkurs Pflanzenbestimmung –
Eine Praxisanleitung für Anfänger
und Fortgeschrittene«**
Quelle und Meyer
Ein Bestimmungsbuch, in dem die
ca. 600 häufigsten Pflanzenarten
nach Familien geordnet sind. Farbige
Abbildungen erleichtern das Bestim-
men.

Mabey, R., 2013:
»essbar«
**Haupt Verlag, deutsche Übersetzung
von »Food for Free«**
Ein Praxisbuch über Wildpflanzen,
Pilze und Muscheln für die Naturkü-
che.

Roth, L. et al., 1994:
»Giftpflanzen Pflanzengifte«
Nikol Verlag
In diesem Werk blättern wir öfter
mal. Wo andere Gartenbücher pau-
schal von »giftig« sprechen, was ja
alles heißen kann, von sehr bitter bis
tödlich, ist dieses Werk für Pharma-
zeuten und Mediziner gedacht und
äußert sich nach wissenschaftlichen
Pflanzennamen sortiert auf 1090 Sei-
ten über die genaue Menge Pflanzen-
masse, nach der bestimmte Symp-
tome auftreten. Das heißt man
kann darin nachlesen, welche Reaktionen bekannt geworden sind. Vieles
Giftige ist beim genaueren Hinsehen
in kleinen Mengen eher unbedenklich. Dazu gibt es jede Menge chemi-
sche Formeln etc.

Klemme, B. & Holtermann, D., 2002:
**»Delikatessen am Wegesrand,
Un-Kräuter zum Genießen«**
Mädler Verlag, Edition Rau
Eines der Bücher, mit denen bei uns
alles angefangen hat. Dieses Koch-
buch war 2009, als ich mich nach
Wildkräuter-Büchern umschaute,
das einzig bezahlbare – ein Klassiker.
Nach wie vor gibt es darin ein paar
absolute Lieblingsrezepte, z. B. den
»Marinierten Briekäse auf Beinwell
mit Dost und Pfefferminze«.

Tscharner, G. & Knieriemen, H.; 2001:
**»Hexentrank und Wiesenschmaus –
Rezepte aus der wilden Weiberküche«**
AT Verlag
Dieses Buch ist nach den Farben der
Jahreszeiten ausgerichtet und ein
Augenschmaus. Es enthält nicht nur
Rezepte für Speisen, sondern auch
eine Planetenmeditation – ein Buch,
in dem ich immer mal wieder gerne
blättere.

Gildhorn, K. et al. (Hrsg), 2012:
**»Mundräuber Handbuch – Tipps, Re-
geln und Geschichten zur Wiederent-
deckung unserer Obstallmende«**
www.mundraub.org
Dieses Buch ruft auf:»Freies Obst für
freie Bürger« und beschäftigt sich intensiv mit dem Begriff der»Allmen-
de«, der gemeinschaftlich genutzten
und gepflegten Weide einer Gemein-
de. Es widerlegt die These, dass
Flächen, die ungeregelt zur gemein-
schaftlichen Nutzung freigegeben
werden, automatisch»übernutzt«
werden. Außerdem wird in dem Buch
das Strafgesetzbuch zitiert, nach dem
auch»Mundraub« als Diebstahl
geahndet werden kann (§ 242 Abs. 1
StGB) mit einer Freiheitsstrafe von
bis zu fünf Jahren oder einer Geldstrafe, wenn man zum Ernten nicht
die Erlaubnis des Eigentümers hat.

Dank

*Wir danken Hans-Helmut Poppendieck für seine Begeisterung für das Thema
»Wilde Küche«, den Kontakt zum Verleger und seinen botanischen Rat.*

*Wir danken Hajo Kahl und Dirk Endrulat im Kastanienhof für die
kulinarische und atmosphärische Unterstützung beim kreativen Schreibprozess
sowie Hund Felix für seine freudige Begleitung bei Spaziergängen, die den
Kopf frei machen fürs Weiterschreiben.*

*Wir danken unseren Familien für die Bereitschaft, uns an den
Wochenenden ziehen zu lassen und auch mal ohne Auto auszukommen;
Wir danken Christof Henne für zahlreiche Fotos und die Durchsicht von
Texten, für hilfreiche Kommentare zu Rezepten und weil er
ein begeisterungsfähiger Testesser ist.*

*Wir danken den Teilnehmerinnen und Teilnehmern unserer Kurse
»Hamburgs Wilde Küche« für die Erprobung von Rezepten und für die freundlichen Rückmeldungen, die uns ermuntert haben weiterzumachen.*

*Wir danken Klaas Jarchow für die lesbare und verständliche Umsetzung
unserer Ideen und Eberhard Delius für die liebevolle Gestaltung und ansprechende
Zusammenstellung unserer vielen Texte und Fotos.*

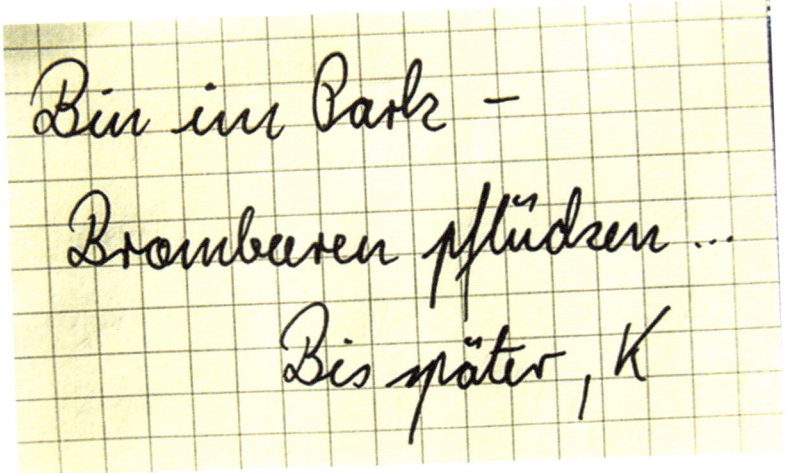

Mehr zu unseren Büchern:
www.hamburgparadies.de

Schreiben Sie uns gern: info@jarchow-media.de